O Ecogenocídio de Brumadinho e o Acesso ao Sistema Interamericano de Direitos Humanos

Estudo de Caso

Lutiana Nacur Lorentz

O Ecogenocídio de Brumadinho e o Acesso ao Sistema Interamericano de Direitos Humanos

Estudo de Caso

LACIER

LACIER
Lacier Livraria e Editora
www.livrarialacier.com.br

Rua Doutor Quirino, 808 – Centro
CEP 13015-081 – Campinas, SP – Brasil

Dezembro, 2024

Diretor: *Lacier José de Rezende*
Coordenação editorial: *Eduardo Aureliano*
Projeto de capa: *Daniele Porfirio*
Projeto gráfico e editoração eletrônica: *Peter Fritz Strotbek — The Best Page*

Ficha Catalográfica

Dados Internacionais de Catalogação na Publicação (CIP)
(Câmara Brasileira do Livro, SP, Brasil)

L869e Lorentz, Lutiana Nacur.
O ecogenocídio de Brumadinho e o acesso ao sistema interamericano de direitos humanos : estudo de caso / Lutiana Nacur Lorentz. — 1. ed. — Campinas, SP : Lacier Editora, 2024.
144 p. ; 16 x 23 cm.

ISBN 978-85-64412-62-0

1. Direitos humanos — Garantias processuais. 2. Ecogenocídio — Brumadinho. 3. Responsabilidade civil. 4. Sistema interamericano de proteção dos direitos humanos. I. Título.

CDU 342.7

Índices para catálogo sistemático:
Direitos humanos
Angela Schmidt da Rosa – Bibliotecária – CRB-14/1171

A Lucas e ao Dragão.

*Agradeço às duas aquilatadas Professoras,
minha orientadora Daniela Marques de Moraes
e minha querida amiga Gabriela Neves Delgado.*

"Para a fauna e flora e para as comunidades que pulsavam ao seu redor,
o Rio era Doce, era fonte de vida, era alimento, era trabalho, era sustento,
A Vale trouxe para Brumadinho 272 mortes, amargura e um povo sedento,
Depois do ecogenocídio, sobraram lamas tóxicas, que corta como navalha,
Sobraram o desemprego, falta de opção, a bebedeira e muita prostituição,
bem como pedaços de corpos, gente triste, sobrou a fome e a destruição,
Mas também sobraram mil dividendos para os sedentos necrocapitalistas,
E a vida humana, a fauna e a flora, sejamos realistas, afinal, quanto vale?
Para a Vale, para seus dirigentes e seus necroacionistas, não vale nada."

Lutiana N. Lorentz

Sumário

Lista de Abreviaturas e Siglas 13

Lista de Figuras 17

Prefácio — *Daniela Marques de Moraes* 19

Introdução 21

Capítulo 1 — "Tragédia" ou Ecogenocídio da Vale S/A em Brumadinho?. 28

Capítulo 2 — Responsabilidade Civil e Ecogenocídio da Vale S/A 43

Capítulo 3 — Processos Coletivos e Ecogenocídio 67

Capítulo 4 — Responsabilidades do Estado Brasileiro e da Vale S/A no Ecogenocídio de Brumadinho 77

Capítulo 5 — Barragens da Vale S/A, em Minas Gerais, com Alto Risco de Rompimento 84

Capítulo 6 — O Sistema Interamericano de Proteção dos Direitos Humanos 94

Capítulo 7 — Garantias Processuais do SIDH 98

Capítulo 8 — Ausência de Denúncia do Ecogenocídio no SIDH 101

Capítulo 9 — Medidas Cautelares e o SIDH 107

Conclusões 120

Referências 123

Lista de Abreviaturas e Siglas

ACP .... Ação Civil Pública
ADCT .... Ato das Disposições Constitucionais Transitórias
ADECON .... Associação Comunitária dos Trabalhadores Rurais
Aedas .... Associação Estadual de Defesa Ambiental e Social
AFT .... Auditor Fiscal do Trabalho
AID .... Área de Influência Direta
ALMG .... Assembleia Legislativa de Minas Gerais
ANA.................. Agência Nacional de Águas e Saneamento Básico
ANE BRASIL ... Academia Nacional de Engenharia
ANM................. Agência Nacional de Mineração
APP .... Área de Preservação Ambiental
Art. .... Artigo
ATI .... Assessoria Técnica Independente
AVABrum.......... Associação dos Familiares das Vítimas e Atingidos pelo Rompimento da Barragem da Mina do Córrego do Feijão
CADH .... Convenção Americana sobre Direitos Humanos
CC..................... Código Civil
CDC .... Código de Defesa do Consumidor
CEDH .... Corte Europeia de Direitos Humanos
CF/88 .... Constituição Federal do Brasil
CHBM.............. Conjunto Habitacional "Barão de Macaúbas"
CIDH................ Comissão Interamericana de Direitos Humanos
CIJ .... Corte Internacional de Justiça
CIPA .... Comissão Interna de Prevenção de Acidentes

CIPPEVC.......... Convenção Interamericana para Prevenir, Punir e Erradicar a Violência contra a Mulher

CIPPT .... Convenção Interamericana para Prevenir e Punir a Tortura

CLT..................... Consolidação das Leis do Trabalho

COANA............. Cooperativa Agrícola de Conciliação Avante Ltda

CorteIDH .... Corte Interamericana de Direitos Humanos

CPC .... Código de Processo Civil

CREA/MG........ Conselho Regional de Engenharia de MG

CVRD .... Cia Vale do Rio Doce

DESCA.............. Direitos Econômicos, Sociais, Culturais e Ambientais

DPU .... Defensoria Pública da União

DPU/MG........... Defensoria Pública do Estado de Minas Gerais

DUDH............... Declaração Universal de Direitos Humanos

EC .... Emenda Constitucional

EIA...................... Estudo de Impacto Ambiental

EPI .... Equipamentos de Proteção Individual

EU .... European Union (União Europeia)

FEAM................. Fundação Estadual do Meio Ambiente

FONASC-CBH Fórum Nacional da Sociedade Civil na Gestão de Bacias Hidrográficas

IACHR .... Inter-American Commission on Human Rights

IEF .... Instituto Estadual de Florestas

IGAM .... Instituto Mineiro de Gestão das Águas

LAC .... Licenciamento Ambiental Concomitante

LACP .... Lei da Ação Civil Pública

MAB .... Movimento dos Atingidos por Barragens

MC..................... Medida Cautelar

MG .... Estado de Minas Gerais

MP .... Ministério Público

MPE/MG .... Ministério Público Estadual de Minas Gerais

MPF.................... Ministério Público Federal

MPT .... Ministério Público do Trabalho

MPT/MG.......... Ministério Público do Trabalho de Minas Gerais

NR...................... Norma Regulamentadora
Nubar/Feam .... Núcleo de Gestão de Barragens da Fundação Estadual do Meio Ambiente
OC .... Opinião Consultiva
OEA.................. Organização dos Estados Americanos
OIT .... Organização Internacional do Trabalho
ONU .... Organização das Nações Unidas
PADESC........... Protocolo Adicional à CADH em matéria de Direitos Econômicos, Sociais e Culturais
PAEBM .... Plano de Ação de Emergência para Barragens de Mineração
PESB................. Política Estadual de Segurança de Barragens
PNSB .... Política Nacional de Segurança de Barragens
RAIS .... Relação Anual de Informações Sociais
REDESCA .... Relatoria Especial para os Direitos Econômicos, Sociais, Culturais e Ambientais
R-CIDH .... Regulamento da Comissão Interamericana de Direitos Humanos
RIMA................ Relatório de impacto ambiental
Semad................ Secretaria Municipal de Meio Ambiente e Desenvolvimento Sustentável
SISEMA .... Sistema Estadual de Meio Ambiente e Recursos Hídricos
SIDH .... Sistema Interamericano de Proteção dos Direitos Humanos
Sigibar .... Sistema de Informações de Gerenciamento de Barragens
SIT .... Secretaria da Inspeção do Trabalho
SRT/MG .... Superintendência Regional do Trabalho e Emprego em Minas Gerais
STF .... Supremo Tribunal Federal
STJ .... Superior Tribunal de Justiça
TAC.................... Termo de Ajuste de Conduta
TJMG .... Tribunal de Justiça do Estado de Minas Gerais
TPI..................... Tribunal Internacional Penal
vs .... *Versus*

Lista de Figuras

Figura 1 — Barragem B1 da Vale em Brumadinho, antes do rompimento, em imagem do Google Earth 34

Figura 3 — Imagem da região de Brumadinho antes do rompimento da barragem B1 da Vale 35

Figura 4 — Imagem de satélite mostrando o impacto da lama em fazendas da região de Brumadinho, após o rompimento da barragem B1 da Vale 36

Figura 5 — Imagens de satélite da região de Brumadinho, antes do rompimento da barragem B1 da Vale 36

Figura 6 — Impacto da lama no Rio Paraopeba, após rompimento da barragem B1 da Vale em Brumadinho 37

Figura 7 — Plantações às margens do Rio Paraopeba, no Município de Mário Campos/MG, antes e após o rompimento da barragem da Vale. 37

Figura 8 — Bombeiro puxa um corpo em meio aos rejeitos, após o rompimento da barragem B1 da Vale em Brumadinho 38

Figura 9 — Socorristas carregam corpo encontrado após o rompimento da barragem da Vale em Brumadinho 38

Figura 10 — Pousada Nova Estância, em Brumadinho: antes e depois do rompimento da barragem B1 da Vale 39

Figura 11 — Programa de gestão de barragens 87

Figura 12 — Barragem Forquilha I, em Ouro Preto (MG) 88

Figura 13 — Barragem Forquilha III, em Ouro Preto (MG) 88

Figura 14 — Barragem Sul Superior, em Barão de Cocais (MG) 88

Figura 15 — Barragem B3/B4, em Nova Lima (MG) 88

Figura 16 — Recommendations 116

Prefácio

A obra *"O Ecogenocídio da Cidade Brumadinho-Minas Gerais e o Acesso à Corte Interamericana de Direitos Humanos: Estudo de Caso"*, de autoria de Lutiana Nacur Lorentz, é, antes de qualquer prenotação, um compromisso com as pessoas, com a vida, com os Direitos Humanos.

A autora analisou a responsabilidade do nosso país e da empresa Vale S/A frente o Sistema Interamericano de Direitos Humanos — SIDH, tendo como parâmetro o "ecogenocídio" — como acertadamente optou por denominar — decorrente do desmoronamento da Barragem B1 da Mina do Córrego de Feijão, em Brumadinho, Minas Gerais, ocorrido em 25 de janeiro de 2019.

Explorada pela empresa Vale S/A, a Barragem B1 da Mina do Córrego do Feijão desmoronou por excesso de rejeitos, liberando lama tóxica em volume suficiente para soterrar parte da cidade de Brumadinho, causando 272 (duzentas e setenta e duas) mortes, danos ambientais e os mais diversos danos socioeconômicos.

Em menos de um minuto, de acordo com o descrito nesta obra, "[...] um verdadeiro *tsunami* de ferro sepultou pessoas, o Ribeirão Ferro-Carvão, 130 hectares de Mata Atlântica, milhares de animais, flora, contaminação de água de 20 municípios [...]".

A partir destes fatos, foram realizadas pesquisas sobre o acesso à justiça, considerando-se aspectos transnacionais e extraterrotoriais da Comissão e da Corte Interamericana de Direitos Humanos, para a verificação de responsabilidades da empresa Vale S/A e, também, do Estado Brasileiro, por não ter interditado referida Barragem, eis que a sua capacidade de armazenamento de rejeitos há muito estava ultrapassada.

Em razão disso, foram efetivadas análises sobre o direito processual civil, sobre o direito internacional privado e sobre a teoria constitucionalista do processo para que se pudesse garantir: "[...] a identificação do acesso ou não pela via da Justiça brasileira de restituição, recomposição e indenização da violação de direitos fundamentais e socialmente perpetrada pela VALE S/A e pelo Estado do Brasil e suas responsabilidades, *accountability* vertical, perante a CIDH. E notadamente, verificou-se a responsabilidade do Estado brasileiro na prevenção de novas tragédias-crimes ambientais e a possibilidade de acioná-lo no SIDH através de Medidas Cautelares (usando como precedente o "Caso Empregados da Fábrica de Fogos de Santo Antônio de Jesus e seus Familiares *Vs*. Brasil") como meio preventivo de tutela inibitória para que outros ecogenocídios não aconteçam mais, sobretudo, nas três barragens da Vale S/A, com grau de risco 3 (máximo) em Minas Gerais e em plena atividade, na linha da Opinião Consultiva n. 23/2017 da Corte IDH e dos arts. 200, VIII e 225, CF/88".

Somada a toda abordagem teórica e analítica, houve a preocupação de se demonstrar por meio de imagens, figuras, tabelas e documentos processuais todas as circunstâncias do caso, engrandecendo e elucidando ainda mais o que se pretende demonstrar e comprovar com a presente pesquisa.

Na conclusão da autora, após toda a reflexão sobre o caso em si, afirma-se, além dos resultados processuais em relação à Empresa Vale S/A, a possibilidade de se justificar o uso de Medidas Cautelares em face do Brasil, na Corte Interamericana de Direitos Humanos, para buscar a prevenção e/ou a inibição de novos danos à vida, à saúde, ao ambiente laboral, ao meio ambiente, à propriedade e tudo mais que puder acontecer em situações tais como o "ecogenocídio" ocorrido em Brumadinho, Minas Gerais.

Lutiana Lorentz traz a público uma obra necessária!

Com seriedade e com responsabilidade, fica registrada toda a preocupação com as pessoas, com a vida, com o meio ambiente, com as condições laborais e com o sistema de justiça que precisa se fazer presente e eficiente, não apenas para reparar danos sofridos, mas, efetivamente, para colocar-se em condições de garantir prevenção/inibição de atos ilícitos que potencialmente podem gerar tais danos.

Vale a pena a leitura deste livro!

Daniela Marques de Moraes
Professora e Pesquisadora da Faculdade de
Direito da Universidade de Brasília – FD/UnB.

Introdução

O objeto da pesquisa de doutorado, que deu origem a este livro, foi verificar a responsabilidade do Estado do Brasil perante o Sistema Interamericano de Proteção dos Direitos Humanos (SIDH) tendo em vista o "ecogenocídio" (neologismo semântico de ecologia com genocídio, adotado na pesquisa) decorrente do desmoronamento(1) da barragem B1, da Mina do Córrego de Feijão, em 25.01.2019, na comarca de Brumadinho, Minas Gerais, barragem explorada pela empresa Vale S/A(2). Adotou-se a semântica "ecogenocídio" porque, como será demonstrado, não se pode utilizar nem a palavra "acidente", nem "tragédia"(3) (a não ser como "tragédia-crime") para descrever o ocorrido, porque não houve nem caso fortuito, nem força maior, e sim um evento do qual a Vale S/A tinha pleno conhecimento que poderia ocorrer, imputando-se também a responsabilidade aos órgãos de fiscalização do Estado Brasileiro.

O desmoronamento barragem B1 foi provocado por excesso de rejeitos, liberando uma lama tóxica de cerca de 11,1 milhões de toneladas de rejeitos de

---

(1) SEFERIAN, Gustavo. Duas provocações ecossocialistas e abolicionistas à luz dos desastres empresariais de Mariana e Brumadinho. *InSURgência:* revista de direitos e movimentos sociais, Brasília, ano 5, v. 5, n. 2, p. 166–187, 2019. p. 3.

(2) No período de nacionalização das indústrias de ferro, primeiro foi criada a Companhia Siderúrgica Nacional (CSN), em 1941, depois, a Cia Vale do Rio Doce (CVRD), em 1942, para pesquisa, exploração e lavra de ferro e outros minerais. No governo federal de Fernando H. Cardoso, a empresa foi privatizada, tornando-se Vale S/A em 1997. Em 2017, ela contava com 265 mil acionistas e quase 2 bilhões de ações preferenciais no mundo todo, indicando que a preocupação com os interesses nacionais havia se dissipado em grande parte. (GALVÃO, Daniel de Faria. *A face devastadora da mineração:* impactos da atividade mineradora sobre o direito laboral, as relações de trabalho e o meio-ambiente. 2020. 93 f. Dissertação (Mestrado em Direito) – Faculdade de Direito e Ciências do Estado Universidade Federal de Minas Gerais, Belo Horizonte, 2020. p. 20-21.)

(3) RAGAZZI, Lucas; ROCHA, Murilo. *Brumadinho*: a engenharia de um crime. Belo Horizonte: Letramento. 2019. p. 73-135. A mesma asserção é feita por PEREIRA, Dulce Maria; FREITAS, Suzy Magaly; GUIMARÃES, Hellen Oscarina; MÂNGIA, André Alckmin. Brumadinho: muito mais do que um desastre tecnológico. *Revista da Universidade Federal de Minas Gerais*, v. 27, n. 2, p. 332–355, 2021.

minério nas imediações do referido município[(4)] que literalmente soterrou parte da cidade, causando 272 (duzentos e setenta e dois) óbitos (a maioria empregados da Vale S/A), além de danos ambientais e socioeconômicos os mais diversos e persistentes.

Importa ressaltar que as sirenes de alerta da Vale S/A não tocaram, era horário de almoço (12 horas, 28 minutos e 25 segundos); e um verdadeiro tsunâmi de ferro sepultou pessoas, o Ribeirão Ferro-Carvão, 130 hectares de Mata Atlântica, milhares de animais, flora, contaminando a água de 20 municípios[(5)]; tudo isso em menos de um minuto[(6)].

O propósito da pesquisa, e que se busca ver devidamente cumprido e apresentado nesta obra, foi verificar o acesso à Justiça para garantia dos direitos metaindividuais e individuais lesados pelo ecogenocídio[(7)], pela via transnacional e extraterritorial[(8)] da Comissão Interamericana de Direitos Humanos (CIDH) e da Corte Interamericana de Direitos Humanos (CorteIDH), tendo em vista a transnormatividade no âmbito do Direito Processual Internacional[(9)] e que se insere no contexto de superação da velha dicotomia entre monismo e dualismo e extraterritorialidade.[(10)]

Por honestidade intelectual, vale clarificar, na linha de pesquisa sobre "ondas de acesso à Justiça", apesar de esta amiúde ser precursora à obra clássica de Cappelletti

(4) FREITAS, Rafael Mendes de Freitas. *Proposta de melhoria do processo de definição da área diretamente afetada pelo rejeito nas regiões encobertas pela vegetação*: estudo de caso: Barragem B1 da Mina Córrego do Feijão – Brumadinho – MG. 2021. 60 f. Dissertação (Mestrado em Análise e Modelagem de Sistemas Ambientais) – Universidade Federal de Minas Gerais, Belo Horizonte, 2021. p. 11.

(5) CARVALHO, Leandro Coelho de. *Solução de conflitos em ambientes dominados por litigantes habituais e os acordos individuais via Defensoria Pública em Brumadinho*. 2021. 183 f. Dissertação (Mestrado em Direito) – Programa de Pós-Graduação stricto sensu em Direito, Faculdade de Direito, Universidade Federal de Minas Gerais, Belo Horizonte, 2021. p. 21.

(6) QUINTÃO, André (Org.). *Opção pelo risco:* Causas e consequências da tragédia de Brumadinho: a CPI da ALMG. Belo Horizonte: Scriptum, 2021. p. 25.

(7) PIOVESAN, Flávia; CRUZ, Julia Cunha. *Curso de direitos humanos:* sistema interamericano. Rio de Janeiro: Forense, 2021. p. 180-181.

(8) TRINDADE, Antônio Augusto Cançado. *A humanização do direito internacional*. Belo Horizonte: Del Rey, 2006.

(9) TRINDADE, Antônio Augusto Cançado. International law for humankind — towards a new *jus gentium*, General Course on Public International Law — Part I. *Recueil des Cours de l'Académie de Droit International de la Haye*, v. 316, 2005.

(10) ANDRADE, Pedro Gustavo Gomes. *Responsabilidade extraterritorial e transnormatividade:* um estudo de caso da Companhia Siderúrgica do Atlântico. 2016. 98 f. Dissertação (Mestrado em Direito Ambiental e Desenvolvimento Sustentável) – Escola Superior Dom Helder Câmara, Belo Horizonte, 2016. p. 77-83.

e Garth[11], de 1978 (aliás, financiada pela suspeita Fundação Ford, já que Henry Ford era nazista autor de libelos arianos como *The international jew: the world's foremost problem*[12]), que esta expressão, na verdade, apareceu pela primeira vez na primeira edição da também clássica obra de Cintra, Grinover e Dinamarco — *Teoria geral do processo*[13], quatro anos antes, em 1974, usando de forma inédita a classificação das "ondas de acesso à Justiça".

O acesso à Justiça pela via transnacional e extraterritorial da CIDH e da CorteIDH justifica-se porque, além das óbvias responsabilidades aquilianas, legais, delituais[14] e contratuais da Vale S/A, há sua responsabilidade ambiental objetiva por danos ambientais — recordando que o Direito Ambiental brasileiro adota a teoria do risco integral, ensejando responsabilização independentemente da existência de culpa *stricto sensu* (negligência, imprudência ou imperícia), bem como afasta a incidência de quaisquer excludentes de nexo causal (caso fortuito ou força maior).

Verifica-se também a responsabilidade objetiva do Estado brasileiro por não ter interditado a barragem B1, da Mina do Córrego do Feijão, embora ela já estivesse muito além de sua capacidade de armazenagem de rejeitos[15] e de este tipo de barragem (armazenagem de rejeitos líquidos a montante) já ter sido abolida em quase todo o resto do mundo. Aliás, o Estado de Minas Gerais já tinha aprovado, em dezembro de 2018, o descomissionamento[16] (desativação) da estrutura no final da Barragem de Brumadinho, mas não chegou a efetivá-lo, e, como consequência, ocorreu o ecogenocídio em 25.01.2019.

---

(11) CAPPELLETTI, Mauro; GARTH, Brian. *Acesso à justiça*. Porto Alegre: Fabris, 1978.

(12) FORD, Henry. *The international jew:* the world's foremost problem. New York: Kessinger Publishing. 2003.

(13) CINTRA, Antônio Carlos de Araújo; GRINOVER, Ada Pellegrini; DINAMARCO, Cândido Rangel. *Teoria geral do processo*. 4. ed. rev. e atual. São Paulo: Malheiros, 1974.

(14) Gênese, III AC, *Lex Aquilina*, Roma que previu lesão à propriedade alheia, independente de contrato prévio entre as partes A despeito da data incerta, possivelmente foi apresentada em 287 a.C., pelo Tribuno da Plebe de nome *Aquilius*, razão esta que intitula a própria lei. (ANDRADE, Pedro Gustavo Gomes. *Responsabilidade extraterritorial e transnormatividade:* um estudo de caso da Companhia Siderúrgica do Atlântico. 2016. 98 f. Dissertação (Mestrado em Direito Ambiental e Desenvolvimento Sustentável) – Escola Superior Dom Helder Câmara, Belo Horizonte, 2016. p. 51).

(15) QUINTÃO, André (Org.). *Opção pelo risco:* Causas e consequências da tragédia de Brumadinho: a CPI da ALMG. Belo Horizonte: Scriptum, 2021. p. 50.

(16) Ragazzi e Rocha dedicam o capítulo VII ("A Barragem é insegura, e a Vale sabe disso") de seu livro para ilustrar esse ponto, a partir das conclusões do MPF, MPMG, PF e CPIs: RAGAZZI, Lucas; ROCHA, Murilo. *Brumadinho:* a engenharia de um crime. Belo Horizonte: Letramento. 2019. p. 73-135. A mesma asserção é feita por PEREIRA, Dulce Maria; FREITAS, Suzy Magaly; GUIMARÃES, Hellen Oscarina; MÂNGIA, André Alckmin. Brumadinho: muito mais do que um desastre tecnológico. *Revista da Universidade Federal de Minas Gerais*, v. 27, n. 2, p. 332–355, 2021.

Normalmente, da mesma forma que o acesso ao Poder Judiciário no Brasil possui algumas condições de ação, interesse e legitimidade, conforme o art. 17, do Código de Processo Civil (CPC) (que para vários autores migrou com o CPC/15 para pressupostos processuais[(17)], exceto a legitimação *ad causam* ordinária, que seria classificada no mérito[(18)]), há, nesse sentido, pelo menos seis hipóteses de necessidade de acionar-se outras vias (pelo esgotamento, ou excesso de prazo etc.), para depois ter-se interesse processual, e também pressupostos processuais para acesso meritório à Corte IDH, o que é aferido pela CIDH.

No Direito brasileiro, nos casos de necessidade de acionar-se outras vias (pelo esgotamento ou pelo excesso de prazo, etc.), de "escalada de tutelas", ou de ação judicial condicionada, são pelo menos 6 (seis). Primeiro, aquelas demandas que envolvam resultados de competições desportivas e punições disciplinares a atletas que devem passar ou pelo esgotamento da Justiça Desportiva, ou por excesso de prazo (mais de 60 dias[(19)]), consoante o art. 217, §§ 1º e 2º, da Constituição Federal do Brasil (CF/88).

Segundo, as lides previdenciárias que exigem ora o acionamento das vias administrativas[(20)] (Lei n. 9.784/99, art. 49 e seg., pelo menos com *decisão de primeira instância*), ou excesso de prazo[(21)] (Lei n. 8.213/91, art. 41-A, § 5º, após concluída a *instrução administrativa*, há 30 dias, prorrogável por mais 30 e tendo o prazo de *pagamento do benefício* ou prazo de 45 dias da apresentação documental por parte do beneficiário), aquelas abrangidas pelo Tema 350, de 03.09.2014, do catálogo do Supremo Tribunal Federal (STF) (RE com repercussão geral 631.240) e pela Súmula n. 89 do STF.

---

(17) Conforme aponta Didier Júnior, no CPC/15, art. 17 e art. 337, IX, as condições de ação foram reduzidas a duas: legitimidade *"ad causam"* e interesse, aquela para vários autores apenas continuaria a ser condição de ação na legitimação extraordinária, mas na ordinária teria se deslocado para o mérito, levando a uma reformulação da Teoria da Asserção. (DIDIER JÚNIOR, Fredie. *Curso de direito processual civil:* v. 1. Teoria geral do processo e processo de conhecimento. 22. ed. rev., atual., e ampl. Salvador: JusPodivm, 2020. p. 401)

(18) NUNES, Dierle; BAHIA, Alexandre; PEDRON, Flávio. *Teoria geral do processo.* 2. ed. rev., atual. e ampl. Salvador: JusPodivm, 2021. p. 324, e DIDIER JÚNIOR, Fredie. *Curso de direito processual civil:* v. 1. Teoria geral do processo e processo de conhecimento. 22. ed. rev., atual., e ampl. Salvador: JusPodivm, 2020. p. 456.

(19) A Justiça Desportiva (JD) é uma justiça privada, cujos juízes são indicados, sem submissão a qualquer certame (Código Brasileiro de Justiça Desportiva — CBJD, art. 4,5) e não há sequer necessidade de formação de graduação em direito para sua composição, no caso do Futebol a JD é custeada, em grande parte, pela Confederação Brasileira de Futebol (CBF), que amiúde é ré perante ela, pelo que se entende que a JD, embora constitucional deva ser lida com olhar bastante crítico.

(20) GARCIA, Gustavo Felipe. *Manual de direito previdenciário.* Salvador: JusPodivm, 2018. p. 445-454.

(21) KERTZMAN, Ivan. *Curso prático de direito previdenciário.* 14. ed. rev., ampl. e atual. Salvador: JusPodivm, 2016. p. 496-497.

Terceiro, a ação de *Habeas Data*, que requer a *negativa de concessão* pelas vias administrativas, conforme o art. 5, LXXII, da CF/88 e a Lei n. 9.507/97.

Quarto, o julgamento de dissídios coletivos de trabalho (exceto os de natureza jurídica e de greve), que exige comum acordo das partes, de acordo com o art. 114, § 2º, da CF/88.

Quinto, a Reclamação, que demanda o *esgotamento das vias ordinárias* judiciais para cumprimento de decisória de recursos repetitivos especial e extraordinário e recurso extraordinário com repercussão geral, consoante o art. 988, § 5º, II, do CPC.

Por fim o sexto caso de "escalada de tutelas", ou de ação judicial condicionada, é a Reclamação Constitucional, disposta no art. 103, A, da CF/88, regulamentado pela Lei n. 11.417/06 e pelo art. 988, III e § 4º, do CPC, que exige descumprimento de súmula vinculante do STF, sendo indispensáveis em vários casos a prévia interposição de recursos judiciais cabíveis, consoante a Súmula n. 734 do STF[22] (descabe reclamação contra decisão transitada em julgado), requerendo, no âmbito administrativo, o esgotamento dessas vias, conforme o art. 103-A, da CF/88, e a Lei n. 11.417/06.

A CIDH[23] exige, normalmente, para aferição do interesse jurídico, a apresentação da denúncia, ou queixa, em até 6 (seis meses) a partir da intimação, do esgotamento de recursos internos da jurisdição dos países membros, conforme dispõem os arts. 44 a 46 da Convenção Americana sobre Direitos Humanos (CADH), exceto em três casos, segundo o art. 31 do Regulamento da Comissão Interamericana de Direitos Humanos (R-CIDH)[24]: primeiro, caso não exista na legislação interna do Estado de que se trate o devido processo caso legal para a proteção do direito que se alegue tenha sido violado; segundo, não se tenha permitido ao suposto lesado em seus direitos o acesso aos recursos da jurisdição interna, ou o suposto lesado tenha sido impedido de esgotá-los; terceiro, caso tenha ocorrido atraso injustificado na decisão sobre os mencionados recursos.

Vale ressaltar que, se o Estado denunciado não forneceu à pessoa pobre no sentido legal a devida assistência judiciária gratuita, também não há que se

(22) DIDIER JÚNIOR, Fredie. *Curso de direito processual civil:* v. 3. Meios de impugnação às decisões judiciais e processo nos tribunais. 17. ed. rev., atual., e ampl. Salvador: JusPodivm, 2020. p. 674.

(23) CIDH — COMISIÓN INTERAMERICANA DE DERECHOS HUMANOS. *Digesto de decisiones sobre admisibilidad y competencia de la comisión interamericana de derechos humanos*. [*S. l.*]: CIDH, 2020.

(24) CIDH — COMISSÃO INTERAMERICANA DE DIREITOS HUMANOS. *Regulamento da Comissão Interamericana de Direitos Humanos*. Aprovado pela Comissão em seu 137º período ordinário de sessões, realizado de 28 de outubro a 13 de novembro de 2009.

esgotar os recursos internos antes de acionar-se a CIDH porque, nesta situação, na verdade a parte foi simplesmente impedida[25] de esgotá-los tendo havido clara agressão ao art. 46, A, do CADH. Em suma, as condições de esgotamento interno recursal têm de ser para além da formal, devendo ser efetivas, com defensor capacitado, com atividade argumentativa etc.

No caso, entretanto, de Medidas Cautelares (MCs) no Sistema Interamericano de Proteção dos Direitos Humanos (SIDH), os requisitos acima mencionados não se aplicam, e sim aqueles que serão detalhados no Capítulo 10 e que, em síntese, são basicamente três: *(i) a extrema gravidade; (ii) a urgência; e (iii) a necessidade de intervenção da Corte Interamericana para evitar danos irreparáveis*. Se o caso ainda não tiver sido submetido à CorteIDH, o juízo de admissibilidade será da CIDH, conforme o art. 48, 2 (no caso do Brasil, a investigação da CIDH prescinde de autorização interna), e art. 63, 2, da Convenção Americana de Direitos Humanos[26].

Quanto à legitimidade ativa na CIDH, embora também normalmente seja atribuída apenas *a pessoa física*, grupo de pessoas, *ou entidade não governamental* legalmente reconhecida em um ou mais Estados membros da Organização, de acordo com os arts. 23 e 44 da RI da CIDH, já se tem admitido as Defensorias dos Povos como legitimadas ativas, por terem independência perante os Estados (lembrando que os princípios norteadores de admissibilidade da CIDH são *amplitude e flexibilidade*). Destaca-se recente tentativa de atribuição dessa mesma legitimação ativa ao Ministério Público do Trabalho (em litisconsórcio ativo com a ONG Terra de Direitos) pelos mesmos argumentos (*vide* art. 129, IX, da CF/88) no *Caso Empregados demitidos da TELEPAR vs Brasil*[27], encaminhado à CIDH em 07.10.2020, e *sub judice*. Finalmente, também é possível que queixas à CIDH sejam feitas por Estados-partes que reconheçam isso de forma expressa, implicando reconhecimento de legitimação ativa de outros Estados-partes, conforme o art. 45, da CADH.

---

(25) PIOVESAN, Flávia; FACHIN, Melina Giradi; MAZZUOLI, Valério de Oliveira. *Comentários à Convenção Americana sobre Direitos Humanos*. Rio de Janeiro: Forense, 2019. p. 143.

(26) OEA — ORGANIZAÇÃO DOS ESTADOS AMERICANOS. *Convenção Americana de Direitos Humanos*. Assinada na Conferência Especializada Interamericana sobre Direitos Humanos, San José, Costa Rica, em 22 de novembro de 1969.

(27) A CIDH usa como filtros as mudanças estruturais que o caso pode trazer para o Brasil e para os demais Estados Americanos. O caso em questão envolveu a dispensa de 600 empregados, arbitrária e discriminatória, prestes a se aposentar, muitos com estabilidade, e sem negociação coletiva, por ocasião de privatização da TELEPAR. O caso foi julgado após o julgamento do Agravo Regimental (AR) no STF com negativa dos pedidos da Ação Civil Pública, com aplicação do Tema 152 do STF (inexistente no caso) e mais de vinte anos de mora do processo.

A pesquisa que originou este livro trabalhou a transdisciplinaridade entre Direito Processual Civil e Direito Internacional[(28)] e teve como chave de leitura a classificação do processo no marco teórico da Teoria Constitucionalista do Processo[(29)]. Objetivou-se a identificação do acesso, ou não, pela via da Justiça brasileira de restituição, recomposição e indenização da violação de direitos fundamentais e socialmente perpetrada pela Vale S/A e pelo Estado do Brasil e suas responsabilidades[(30)], *accountability* vertical, perante a CIDH. Notadamente, verificou-se a responsabilidade do Estado brasileiro na prevenção de novas tragédias--crimes ambientais e a possibilidade de acioná-lo no SIDH por meio de Medidas Cautelares[(31)] (usando como precedente o *Caso Empregados da Fábrica de Fogos de Santo Antônio de Jesus e seus Familiares* vs. *Brasil*"[(32)]), como meio preventivo[(33)] de tutela inibitória para que outros ecogenocídios não aconteçam mais, sobretudo nas três barragens da Vale S/A com grau de risco 3 (máximo) e em plena atividade em Minas Gerais, na linha da Opinião Consultiva (OC) n. 23/2017 da CorteIDH[(34)] e dos arts. 200, VIII, e 225, da CF/88[(35)].

---

(28) ANDOLINA, Ítalo Augusto. O Papel do processo na atuação do ordenamento constitucional e transnacional. *Revista de Processo*, São Paulo, v. 87, p. 63–69, jul./set. 1997.

(29) ANDOLINA, Ítalo; VIGNERA, Giuseppe. *I fondamenti costituzionali della giustizia civile:* il modelo costituzionale del processo civile italiano. 2. ed. Torino: Giappichelli, 1979.

(30) CIDH — COMISIÓN INTERAMERICANA DE DERECHOS HUMANOS. *Digesto de decisiones sobre admisibilidad y competencia de la comisión interamericana de derechos humanos*. [*S. l.*]: CIDH, 2020.

(31) PIOVESAN, Flávia; FACHIN, Melina Giradi; MAZZUOLI, Valério de Oliveira. *Comentários à Convenção Americana sobre Direitos Humanos*. Rio de Janeiro: Forense, 2019. p. 447- 450.

(32) No *Caso Empregados da Fábrica de Fogos de Santo Antônio de Jesus e seus Familiares* vs. *Brasil*, a CorteIDH, em sentença de 15 de julho de 2020, assim determinou: "a Corte julga pertinente fixar, por equidade, a título de dano material, o pagamento de US$ 50.000 (cinquenta mil dólares dos Estados Unidos da América) em favor de cada uma das vítimas falecidas e sobreviventes da explosão". (GARCIA, Emerson (Org.). Corte Interamericana de Direitos Humanos — Casos da República Federativa do Brasil. *Revista do Ministério Público do Estado do RJ*, Rio de Janeiro: MPRJ, 2021. p. 988-1.005)

(33) TRINDADE, Antônio Augusto Cançado. *A humanização do direito internacional.* Belo Horizonte: Del Rey, 2006.

(34) "A CorteIDH foi acionada [...] pela República da Colômbia, com fundamento no art. 64.1 da Convenção Americana sobre Direitos Humanos [...] a Corte Interamericana tem tanto a função jurisdicional como *a* função consultiva. Colômbia solicitou consulta, nos termos abaixo exposto, que consolidou na Opinião Consultiva de n. 23/201746. Trata-se da primeira decisão da Corte Interamericana em matéria exclusivamente ambiental, avançando na interpretação do sistema interamericano de direitos humanos e proteção ao meio ambiente." (BARBOSA, Érica Monteiro. *Os desafios do direito internacional e do Estado Brasileiro na solução de conflitos ambientais*: um estudo a partir do caso do rompimento da Barragem de Fundão em Minas Gerais. 2021. Dissertação (Mestrado em Direito) – Faculdade de Direito, Pontifícia Universidade Católica de Minas Gerais, Belo Horizonte, 2021. p. 51.)

(35) MELLO, Roberta Salvático Vaz. *A reparação e compensação dos danos existenciais e a função precaucional preventiva da responsabilidade civil:* uma análise a partir das tragédias de Mariana e de Brumadinho. 2021. Tese (Doutorado em Direito) – Faculdade de Direito, Universidade Federal de Minas Gerais, Belo Horizonte, 2021. p. 119.

Capítulo 1

"Tragédia" ou Ecogenocídio da Vale S/A em Brumadinho?

Em 05.11.2015, a Barragem do Fundão, de propriedade da empresa Samarco (controlada pela Vale S/A, que detinha 50% das ações(36), e pelo braço inglês da anglo-australiana BHP Billiton), desmoronou soterrando parte das cidades de Mariana e Bento Gonçalves, no Estado de Minas Gerais, Brasil, despejando uma lama tóxica, com imediata liberação de cerca de cerca de 90 milhões de toneladas de rejeitos de mineração. A "tragédia" provocou a morte de 19 (dezenove) pessoas, sendo 14 trabalhadores (1 da Samarco e 13 terceirizados), 5 moradores (3 adultos e 2 crianças), além de ilícitos ambientais os mais diversos, entre eles o despejo de rejeitos tóxicos no Rio Gualaxo do Norte (Mariana), que desaguaram no Rio Doce e seguiram até sua foz, no *mar* de Regência (litoral capixaba). Foram ceifados mais de 10 mil postos de trabalho na cidade de Mariana, e o índice de desemprego aumentou(37) , bem como aumentou o índice de alcoolismo, depressão, violência doméstica e suicídios. Em consequência da geração de poeira tóxica, houve um crescimento na ocorrência de doenças de pele. Foram soterradas 200 edificações e mais de 600 famílias ficaram desabrigadas. *Esta foi a maior tragédia (ou melhor, ecogenocídio) ambiental do Brasil até hoje, que ocorreu por falta de drenagem na barragem, por excesso de vibrações no terreno, entre outros motivos.*

Estima-se que mais de 500.000 (quinhentas mil) pessoas tenham sido impactadas pela tragédia, tanto nas comunidades diretamente atingidas, quanto

(36) GALVÃO, Daniel de Faria. *A face devastadora da mineração:* impactos da atividade mineradora sobre o direito laboral, as relações de trabalho e o meio-ambiente. 2020. 93 f. Dissertação (Mestrado em Direito) – Faculdade de Direito e Ciências do Estado Universidade Federal de Minas Gerais, Belo Horizonte, 2020. p. 20.

(37) FARIA, Mário Parreiras. O rompimento de barragens de rejeitos: o desafio da prevenção. In: SOUZA, Adriana Augusta de Moura *et al.* (Coords.). *Grandes Acidentes do Trabalho no Brasil* — repercussões jurídicas e abordagem multidisciplinar. Belo Horizonte: RTM, 2021. p. 187-200. p. 190.

FARIA, Mário Parreiras; DWYER, Tom. Safety and health in mining in Brazil. *Arbete och Hälsa* (Work and Health), Gothenburg, vol. 47, p. 150–159, 2013.

em toda a extensão do Rio Doce, desde Minas Gerais até o Espírito Santo. Na verdade, o número é bem maior, já que a bacia do Rio Doce é responsável pelo abastecimento de água de mais de 3.000.000 (três milhões) de moradores em 228 (duzentos e vinte e oito) municípios.(38)

Segundo a auditoria de um comitê contratado pela empresa(39) dos especialistas em engenharia de barragens Norbert Mogenstern, Steven Vich, Cássio Viottie Bryan Watts, o "acidente" de Mariana ocorreu por graves falhas da Vale S/A na construção dos drenos de fundo da barragem e em seus filtros, incluindo um trecho da saída do dreno que nunca tinha sido concluído. Isso permitiu que a pressão de água dentro dele aumentasse até causar erosão e deslizamento do talude. À mesma conclusão chegou a Superintendência Regional do Trabalho e Emprego em Minas Gerais (SRTE/MG) em seu Relatório de Acidente(40), que também concluiu ter ocorrido o processo de liquefação da barragem(41), falta de manutenção preventiva, bem como obstrução de canal de drenagem. Nesse mesmo sentido foram as conclusões da perícia do Ministério Público Estadual (MPE/MG)(42), e ainda as conclusões da perícia realizada pelo pela Polícia Federal, que em seu relatório indicou claramente que a Vale S/A sabia havia muito tempo que a barragem não era segura(43).

Quase 4 (quatro) anos se passaram da tragédia que atingiu Mariana e Bento Gonçalves, em Minas Gerais, até a tragédia que atingiu Brumadinho, no mesmo estado, foco da pesquisa ora aqui apresentada.

Passando para a análise do segundo ecogenocídio da Vale S/A, cumpre ressaltar que a pesquisa encontrou dificuldades na colheita integral das provas da Ação Civil Pública relativa ao desmoronamento da barragem B1, da Mina do

(38) MELLO, Roberta Salvático Vaz de. *As tragédias de Mariana e Brumadinho:* danos existenciais e responsabilidade civil. Belo Horizonte: Expert, 2022. p. 109.

(39) MOGENSTERN, Norbert *et al. Relatório sobre as Causas Imediatas da Ruptura da Barragem de Fundão*. [*S. l.*]: Fundação Renova, 2016.

(40) BRASIL. Ministério do Trabalho e Previdência Social. Superintendência Regional do Trabalho e Emprego em Minas Gerais. *Relatório de Análise de Acidente* — Rompimento da Barragem de Rejeitos Fundão, em Mariana-MG. Belo Horizonte: [*s. n.*], abril 2016.

(41) RELATÓRIO aponta falhas que contribuíram para rompimento da barragem da Vale S.A em Brumadinho. *Ministério Público do Trabalho em Minas Gerais*, 30 set. 2019.

(42) CONJUR. Relatório aponta causa do rompimento de barragem Brumadinho. *Consultor Jurídico*, 4 out. 2021.

(43) RAGAZZI, Lucas; ROCHA, Murilo. *Brumadinho:* a engenharia de um crime. Belo Horizonte: Letramento. 2019. p. 107-108, 111, 119 e 121.

Córrego de Feijão, porque os Relatórios da Polícia Federal sobre o ecogenocídio de 2019 estão ainda em sigilo[(44)], tendo sido entregues ao Ministério Público Federal (MPF), que, provavelmente os colocou em suas ações judiciais contra a Vale S/A. Há diversas outras provas que também estão em sigilo de Justiça, como perícias (embora muitos dos processos não estejam, estes documentos estão). Essas provas provavelmente estão nos processos judiciais dos Ministérios Públicos contra a Vale S/A, tais como a Ação Civil Pública n. 5044954-73.2019.8.13.0024, tendo como foco danos ambientais, como autores o Estado de Minas Gerais, o MPE-MG e o DPE-MG; e como ré a Vale S/A[(45)]; bem como a Ação Civil Pública n. 0010261-67.2019.5.03.0028[(46)], entre outras, sendo que cabe, por óbvio, pedido de vista dos terceiros interessados.

Em 25.01.2019, apenas três anos e dois meses depois da tragédia de Mariana e Bento Gonçalves, houve o desmoronamento de barragem B1, da Mina do Córrego do Feijão, na cidade de Brumadinho, Minas Gerais, Brasil, explorada pela mesmíssima Cia Vale do Rio Doce (CVDR). *Esta foi a maior tragédia (ou melhor, ecogenocídio) ambiental trabalhista do Brasil, na linha da conceituação da OIT, através da Convenção n. 174 (aprovada pelo Brasil pelo Decreto n. 4.085/2002)* e o segundo maior desastre ambiental do século XXI, "perdendo" apenas para o desabamento predial em Savar, na periferia de Bangladesh (Índia)[(47)], em 24.04.2013,

(44) PODER 360. Relatório da PF sobre Brumadinho continua em sigilo após 4 anos. *Poder 360*, 25 jan. 2023.

(45) Conferir: BRASIL. Tribunal Regional do Trabalho da 3ª Região (11. Turma). 5ª Vara do Trabalho de Betim-MG. *Agravo de Petição no processo n. 0010261-67.2019.5.03.0028*. Agravantes: Sindicato dos Trabalhadores nas indústrias da construção pesada de Minas Gerais, Advocacia Garcez. Agravada: Vale S/A. Relator: Juiz convocado Leonardo Passos Ferreira. Belo Horizonte, 8 fev. 2023; MINAS GERAIS. Tribunal de Justiça do Estado de Minas Gerais. 2ª Vara da Fazenda Pública e Autarquias da Comarca de Belo Horizonte. *Publicação extraída da página 1.323 do Diário de Justiça do Estado de Minas Gerais, Belo Horizonte*. Autor: MPE-MG e Outros. Réu: Vale S/A. Disponível em: https://www.jusbrasil.com.br/processos/222483748/processo-n-504XXXX-7320198130024-do-tjmg?query_id=76a6fea3-b3e2-4791-949d-009b4f9c2368, Acesso em: 31 jan. 2024.

(46) "**EMENTA: AGRAVO DE PETIÇÃO. HONORÁRIOS ASSISTENCIAIS CONTRATUAIS. INCOMPETÊNCIA.** Esta Especializada carece de competência para dirimir questões relativa aos honorários assistenciais contratuais decorrentes de contrato de prestação de serviços jurídicos, sem qualquer pertinência com relação de trabalho. Inteligência da Súmula n. 363 do STJ." (BRASIL. Tribunal Regional do Trabalho da 3ª Região (11ª Turma). *Agravo de Petição na Ação Civil Pública Cível n. 0010261-67.2019.5.03.0028*. Agravantes: Sindicato dos Trabalhadores nas Indústrias da Construção Pesada de Minas Gerais, Advocacia Garcez. Agravada: Vale S/A, Relator: Leonardo Passos Ferreira. Belo Horizonte, 8 fev. 2023)

(47) FELICIANO, Guilherme Guimaraes; PASQUALETO, Olívia de Quintana Figueredo. A (in)efetividade dos princípios jurídico-ambientais nos grandes acidentes de trabalho e a responsabilização empregador-poluidor: uma análise do caso de "Brumadinho". In: SOUZA, Adriana Augusta de Moura *et al.* (Coords.). *Grandes Acidentes do Trabalho no Brasil* — repercussões jurídicas e abordagem multidisciplinar. Belo Horizonte: RTM , 2021. p. 129–153. p. 130.

quando ruíram 8 pisos (havia fábricas diversas e um centro comercial) do prédio, ceifando a vida de 1.127 pessoas, que foram esmagadas, a maioria de trabalhadores. Segundo o Corpo de Bombeiros Militar de Minas Gerais, em Brumadinho, foram 270 mortos adultos e 2 nascituros, ou seja, *272 mortes*(48).

Aliás a própria Organização das Nações Unidas (ONU) descreveu o evento como "crime"(49) em seu relatório especial sobre o ecogenocídio, afirmando: "Depois de visita ao país, *relator especial* disse que nação está regredindo, possibilitada por "um sentimento maligno de impunidade" de pessoas que "envenenam o público, tomam suas terras e destroem o meio ambiente".

O Corpo de Bombeiros Militar de Minas Gerais(50) despendeu 1.096 dias na procura de pedaços de corpos (a lama tóxica corta como navalhas) conseguindo identificar 264 dos 270 óbitos, restando ainda 6 corpos sem identificação. Também encontrou diversas carcaças de animais. Aliás, a lama é tão tóxica que afetou também a saúde dos bombeiros. Após cinco anos do ecogenocídio, há ainda 3 (três) pessoas desaparecidas(51).

É importante ressaltar que, segundo a SRTE/MG, dos 272 mortos em Brumadinho 250 eram trabalhadores (131 empregados da própria Vale S/A e 119 terceirizados), ou seja, 91,91% dos mortos eram trabalhadores. Além disso, morreram 20 pessoas da comunidade de Brumadinho, destas 15 se encontravam na Pousada Nova Instância: 6 delas de uma mesma família de hóspedes (5 adultos e 1 nascituro), 6 eram trabalhadores da pousada, 3 donos da pousada,; além de 5 pessoas da comunidade que moravam próximo à pousada. Das 272 (duzentas e setenta e duas) vítimas fatais 3 (três) corpos ainda não foram identificados. Ademais, pelo menos 39.520 pessoas foram diretamente afetadas(52) pelo ecogenocídio. Em

(48) TRAGÉDIA em Brumadinho completa dois anos e é marcada por homenagens às vítimas. *Corpo de Bombeiros Militar de Minas Gerais*, Notícias, 25 jan. 2021.

(49) ESPECIALISTA da ONU diz que Brasil está seguindo "caminho trágico" na área das substâncias tóxicas. *ONU News*, 13 dez. 2019.

(50) OPERAÇÃO Brumadinho completa três anos. *Corpo de Bombeiros Militar de Minas Gerais*, Notícias, 25 jan. 2022.

(51) Segundo o Corpo de Bombeiros Militar de Minas Gerais, mil dias após o ecogenocídio ainda havia 8 (oito) pessoas desaparecidas, sendo 270 vítimas. (OPERAÇÃO Brumadinho completa mil dias. *Corpo de Bombeiros Militar de Minas Gerais*, Notícias, 21 out. 2021). Ainda, segundo o G1, após cinco anos do ecogenocídio, há ainda 3 (três) pessoas desaparecidas (MILAGRES, Leonardo; MANSUR, Rafaela. Brumadinho: há 5 anos, 270 pessoas desapareciam sob lama de barragem da Vale; ninguém foi punido. *G1*, Minas Gerais, Notícia, 25 jan. 2024).

(52) "Acidente Barragem BI. Empreendedor: Vale S A Filial: Vale Paraopeba. Fiscalizador: ANM. Altura (m): 86. Volume (hm^3): 11741,32. Material: Rejeitos. Município/Estado: Brumadinho/MG. Data: 25.1.2019. Rompimento da barragem BI na mina Córrego do Feijão resultando na liberação do rejeito

2019, Brumadinho era uma cidade de cerca de 30.000 habitantes e destes 1% foram levados pela lama tóxica que corta como navalhas.

O ecogenocídio da Vale S/A atingiu todos os produtores rurais do leito do rio, bem como a comunidade quilombola de Pontinha, os vendedores de iscas do "Shopping da Minhoca" em Caetanópolis e a indústria têxtil de Paraopeba, que se viu obrigada a interromper um processo de expansão por causa da contaminação da água do rio. Atingiu também os moradores de Pará de Minas, Paraopeba e de todos os municípios que utilizavam do rio para abastecimento urbano. Houve destruição da atividade de criação e animais e de plantações (inclusive de subsistência familiar) por causa da contaminação de água dos rios, tanto para uso animal, quanto humano. Ademais, atingiu os piscicultores da barragem de Três Marias, os areeiros e trabalhadores da extração de areia, os proprietários de canoas, além de dezenas de outras categorias sociais e econômicas. Houve um aumento exponencial de doenças de peles e outras devido à contaminação aérea e à alta concentração de metais na lama tóxica e a morte de inúmeros animais ligados ou não a atividades econômicas.

O ecogenocídio provocou lesões socioambientais difusas e persistentes, como falta de água potável, diretamente nas 5 (cinco) cidades citadas e de forma menos intensa em outras 15 (quinze) comarcas. Ocasionou a poluição de vários rios (retirando-se qualquer possibilidade de pesca) e o aumento de casos de prostituição e alcoolismo local, entre tantos outros efeitos danosos.

Estima-se que o evento atingiu 3.066 pessoas, que sofrem até hoje as consequências da contaminação do Rio Paraopeba, pessoas que moram em pelo menos 5 cidades: Brumadinho, São Joaquim de Bicas, Betim, Mário Campos e Juatuba. Conforme monitoramento realizado pelo Instituto Mineiro de Gestão das Águas (IGAM), há ainda uma grande concentração de metais pesados nas águas do Rio Doce, prejudicando o seu consumo, a pesca e outras atividades.[(53)] Segundo

---

armazenado, destruição da sede administrativa e vale a jusante. 270 vítimas fatais, 39.520 pessoas afetadas, dano financeiro na ordem de 10 bilhões de reais. PAE foi acionado. Fonte da informação: ANM; Vale; e SIGBM." (ANA - AGÊNCIA NACIONAL DE ÁGUAS E SANEAMENTO BÁSICO. *Relatório de Segurança de Barragens 2019*. Brasília, DF: ANA, 2020. p. 105)

(53) "O Igam reforça que ainda se mantêm a recomendação de **não utilização da água bruta do rio Paraopeba para qualquer fim**, como medida preventiva, no trecho que abrange os municípios de Brumadinho até o limite da UHE de Retiro Baixo em Pompéu (aproximadamente 250 km de distância do rompimento). O uso da água nos trechos que estão antes do município de Brumadinho (antes do trecho afetado pelo rompimento) e depois da UHE Retiro Baixo, estão liberados para os mais diversos fins e não existe nenhuma restrição pelos órgãos públicos." (IGAM — INSTITUTO MINEIRO DE GESTÃO DAS ÁGUAS. *Avaliação da qualidade das águas e sedimentos do Rio Paraopeba:* acompanhamento da qualidade das águas do Rio Paraopeba após 3 anos do rompimento da barragem da Mina Córrego

a Associação Estadual de Defesa Ambiental e Social (Aedas), contratada como assessoria técnica independente (ATI) por determinação da Justiça, 62,51% dos atingidos não podem exercer nenhum tipo de atividade remunerada em nenhuma destas 5 (cinco) cidades.(54)

Há responsabilidade objetiva do Estado brasileiro por não ter interditado a barragem B1 da Mina do Córrego do Feijão, embora ela já estivesse muito além de sua capacidade de armazenagem de rejeitos(55). Esse tipo de barragem (armazenagem de rejeitos líquidos, método a montante) já tinha sido abolida em quase todo o resto do mundo. Embora *o próprio Estado de Minas Gerais já tivesse aprovado, no final de 2018, o descomissionamento da barragem, ele não chegou a fazê-lo.* Ademais, praticamente *todos os órgãos de fiscalização ambiental de MG, como a Agência Nacional de Mineração (ANM), de âmbito federal, tinham atestado, pouco antes do ecogenocídio, que a barragem era segura*, sendo que ela, a ANM, deveria ter feito inspeções *in locu* antes do rompimento da barragem e não apenas ter verificado documentos juntados pela própria Vale S/A:

> Agência Nacional de Mineração concluiu o relatório técnico que fala sobre o histórico da barragem I do complexo Mina do Córrego do Feijão, em Brumadinho (MG), que se rompeu em janeiro deste ano. Segundo a análise, algumas informações fornecidas pela empresa Vale S.A. à ANM não condizem com as que constam nos documentos internos da mineradora. Se a ANM tivesse sido informada corretamente, poderia ter tomado medidas cautelares e cobrado ações emergenciais da empresa, o que poderia evitar o desastre.
>
> [...]
>
> O parecer técnico tem 194 páginas que mostra evidências que podem ter levado ao rompimento da barragem e mostra detalhadamente as inconsistências do que foi oficialmente relatado à agência via sistema, o que os técnicos da própria Vale colocaram em documentos de vistoria de campo e, posteriormente, no sistema da empresa. Os dados foram analisados pelos especialistas em barragens da agência e aprovado pela diretoria colegiada na última quinta-feira (31.10.2019).

Feijão da Mineradora Vale S/A – Brumadinho/MG / Instituto Mineiro de Gestão das Águas. Belo Horizonte: Igam, 2022. p. 80).

(54) AEDAS. *Brumadinho* — Assessoria Técnica Independente em Brumadinho. c2022.

(55) QUINTÃO, André (org.). *Opção pelo risco:* Causas e consequências da tragédia de Brumadinho: a CPI da ALMG. Belo Horizonte: Scriptum, 2021. p. 50.

> [...]
>
> As discrepâncias no caso de Brumadinho começaram a ser detectadas logo depois do rompimento da barragem, quando os técnicos da ANM foram a campo imediatamente após o desastre. [...][56]

Para se ter uma noção da dimensão do desastre provocado pelo rompimento da barragem B1 em Brumadinho, em 25.01.2019, as Figuras 1 a 7 apresentam imagens de satélite de Brumadinho antes e depois do desastre.[57]

Figura 1 – Barragem B1 da Vale em Brumadinho, antes do rompimento, em imagem do Google Earth

Barragem da Vale em Brumadinho antes do rompimento, em imagens do Google Earth. Foto: Reprodução/TV.

(56) AGÊNCIA Nacional de Mineração conclui o relatório técnico sobre barragem de Brumadinho. *Agência Nacional de Mineração*, Notícias, 5 nov. 2019.

(57) IMAGENS de satélite mostram antes e depois do rompimento da barragem em Brumadinho. *G1*, Minas Gerais, Notícia, 29 jan. 2019.

Figura 2 — Imagem de satélite da Vale em Brumadinho, após o rompimento da barragem B1

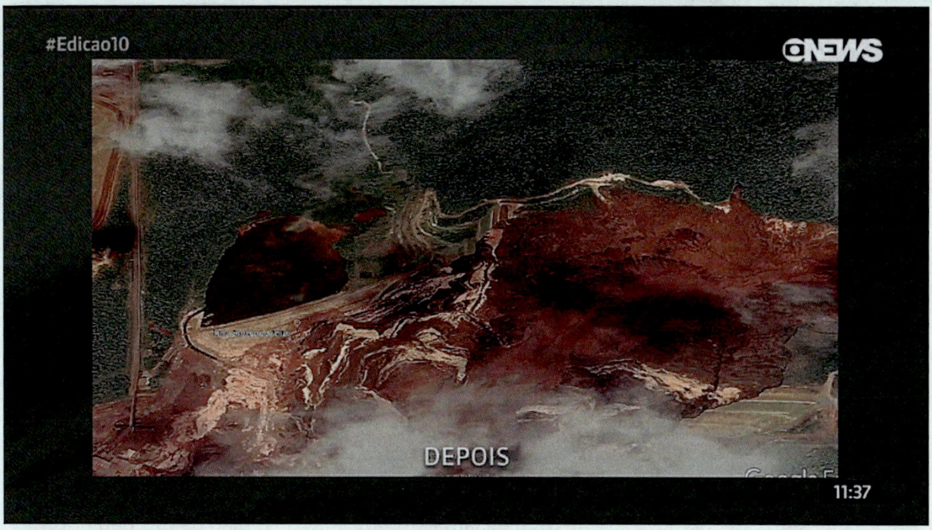

Imagens de satélite da barragem da Vale em Brumadinho após o rompimento.
Foto: Reprodução/TV Globo.

Figura 3 — Imagem da região de Brumadinho antes do rompimento da barragem B1 da Vale

Imagens da região de Brumadinho antes do rompimento da barragem da mineradora Vale.
Foto: Reprodução/TV Globo.

Figura 4 — Imagem de satélite mostrando o impacto da lama em fazendas da região de Brumadinho, após o rompimento da barragem B1 da Vale

Imagens de satélite mostram impacto da lama em fazendas da região de Brumadinho. Foto: Reprodução/TV Globo.

Figura 5 — Imagens de satélite da região de Brumadinho, antes do rompimento da barragem B1 da Vale

Satélite mostra imagens da região de Brumadinho antes do rompimento da Barragem. Foto: Reprodução/TV Globo.

Figura 6 — Impacto da lama no Rio Paraopeba, após rompimento da barragem B1 da Vale em Brumadinho

Impacto da lama no Rio Paraopeba após rompimento da barragem de Brumadinho. Foto: Reprodução/TV Globo.

Figura 7 — Plantações às margens do Rio Paraopeba, no Município de Mário Campos/MG, antes e após o rompimento da barragem da Vale

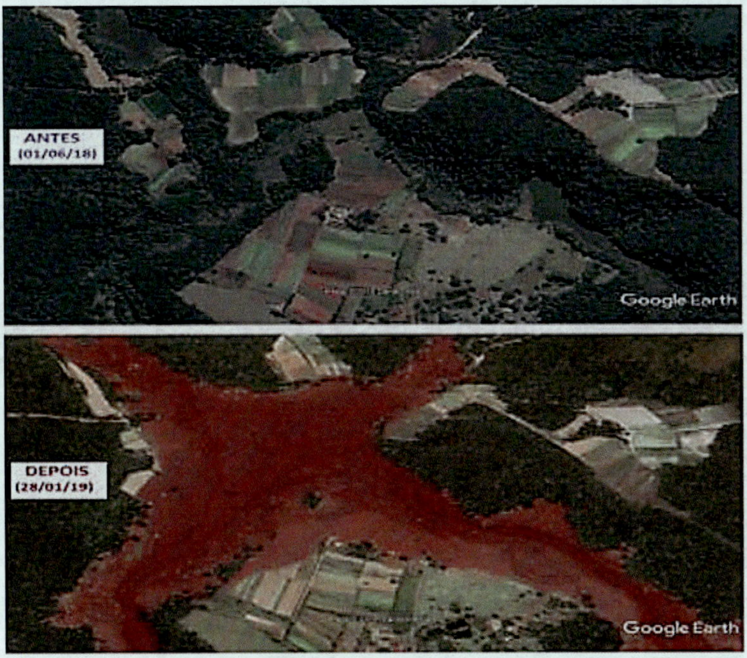

Imagens de Satélite — Plantações às margens do Rio Paraopeba no Município de Mário Campos/MG — Detalhe para o aspecto do Rio Paraopeba após o Desastre da Vale. Fonte: CAOMA/MPMG.

As Figuras 8 e 9 a seguir mostram cenas de resgates de corpos (a maioria mutilados) efetuados pelo Corpo de Bombeiros Militar de Minas Gerais.[58]

Figura 8 — Bombeiro puxa um corpo em meio aos rejeitos, após o rompimento da barragem B1 da Vale em Brumadinho

Figura 9 — Socorristas carregam corpo encontrado após o rompimento da barragem da Vale em Brumadinho

(58) DESASTRE em Brumadinho. Em busca de sobreviventes em Brumadinho. 20 fotos, *El País*, 29 jan. 2019.

A Figura 10 revela o estado de uma parte da Pousada Nova Instância antes e depois do ecogenocídio[59].

Figura 10 — Pousada Nova Estância, em Brumadinho: antes e depois do rompimento da barragem B1 da Vale

Foram atingidos em cheio pelo derramamento da lama tóxica pelo menos dois rios: o Rio Paraopeba e o Rio Doce. Houve contaminação tanto do Rio Paraopeba, do Oceano Atlântico, quanto de todo o ecossistema pelo rompimento das barragens de rejeitos de minério, prejudicando até mesmo o consumo de água tanto animal, quanto humano.

Conforme dados divulgados pela CPI da Assembleia Legislativa de Minas Gerais (ALMG), no dia e horário do ecogenocídio, havia no local 613 empregados da Vale S/A e 28 terceirizados, todos em horário de almoço:

> Era uma sexta-feira normal de trabalho na Mina Córrego do Feijão, em Brumadinho. A estimativa inicial era de que havia 613 trabalhadores próprios e 28 terceirizados nas instalações da mina por volta da hora do almoço. O rompimento se deu às 12h28'30" do dia 25.1.2019.
>
> As imagens captadas por câmeras instaladas no local mostraram o momento do rompimento, calculando-se que a velocidade da lama tenha alcançado cerca de 80 km/h, dada a expressiva saturação em água que a barragem e os rejeitos se encontravam, perdendo ritmo pouco a pouco, galgando as pequenas barragens B4 e B4A e alcançando o rio Paraopeba às 15h50'. Os resgates das vítimas e as buscas por sobreviventes iniciaram-se imediatamente.

---

(59) GOMES, Lucas Henrique; ALVES, Fransciny. TRAGÉDIA — Pousada em Brumadinho foi destruída com 35 pessoas no local. *O Tempo*, Cidades, 28 jan. 2019.

> As sirenes de segurança, que deveriam ter sido acionadas para alertar funcionários e moradores situados na zona de autossalvamento (ZAS), acabaram não tocando.
>
> Em 27.1.2019, por volta de 5h30', as sirenes, enfim, tocaram, anunciando o risco de rompimento da barragem B6, situada ao lado de B1, após ter sido detectado aumento de seu nível d'água. Cerca de 24 mil moradores de Brumadinho foram evacuados, incluindo os bairros de Parque da Cachoeira, Pires, Centro e Novo Progresso. Por conta dos riscos, a busca por sobreviventes precisou ser interrompida. Depois do rompimento da barragem, seis prefeituras de municípios da Bacia do Paraopeba emitiram alertas para que a população se mantivesse longe do leito do rio, pois o nível poderia subir com a quantidade de lama que nele havia chegado.[(60)]

Segundo a Secretaria de Saúde do Estado de Minas Gerais, em avaliação feita de 2019 a 2021, esta era situação na região da Brumadinho:

> CONSIDERAÇÕES FINAIS
>
> Foram apresentados resultados obtidos ao longo de quase três anos de monitoramento em 16 municípios, incluindo 92 pontos de amostragem e 6.571 amostras coletadas.
>
> Os parâmetros analisados e seus respectivos valores máximos permitidos integram o padrão de potabilidade definido pelo Anexo XX da Portaria de Consolidação n. 5/2017 do Ministério da Saúde (alterada pela Portaria GM/MS n. 888/2021), o qual deve ser atendido para que a água possa ser destinada ao consumo humano.
>
> Quanto aos parâmetros microbiológicos analisados, observou-se elevada frequência de resultados insatisfatórios ao longo de todo o período analisado e para todos os municípios.
>
> Quanto aos parâmetros físico-químicos analisados, observou-se que todos tiveram o percentual de conformidades superior ao de não conformidades.
>
> Quanto às substâncias químicas que representam riscos à saúde, observou-se resultados acima dos valores permitidos pela legislação.

---

(60) CÂMARA DOS DEPUTADOS. Comissão Parlamentar de Inquérito Rompimento da Barragem de Brumadinho. *Resumo do Relatório CPIBruma*. 2019. p. 6.

> De maneira geral, as maiores quantidades de violações foram observadas para os parâmetros Bário e Chumbo. No período analisado, não foram observadas violações para os parâmetros Cádmio e Cobre.
>
> Destaca-se que o comportamento dos elementos presentes no rejeito proveniente do rompimento da barragem é complexo, cada elemento se comporta de uma forma distinta e o seu grau de mobilidade depende de uma ampla gama de fatores, entre eles, suas propriedades intrínsecas e o ambiente no qual se encontram.
>
> Nesse sentido, considerando os resultados apresentados no presente documento e as incertezas associadas à mobilidade das substâncias que representam riscos à saúde, entende-se que ainda não é possível avaliar conclusivamente os impactos que o rompimento da barragem e a consequente liberação dos rejeitos provocaram na potabilidade da água dos mananciais subterrâneos ao longo do rio Paraopeba.
>
> Como ainda não se tem comprovação da ausência de risco à saúde humana pela utilização da água dos mananciais subterrâneos próximos e ao longo do leito do rio Paraopeba impactados pelo rompimento da barragem, sendo fundamental um histórico mais amplo de monitoramento dessas formas de abastecimento para avaliar melhor esse impacto ao longo dos anos, reforça-se a necessidade de dar continuidade ao monitoramento da qualidade da água nas soluções alternativas de abastecimento de água para consumo humano próximas e ao longo do leito do rio Paraopeba.(61)

Em 2022, grande parte dos metais e contaminantes encontrados em 2019, após o ecogenocídio, ainda podia ser identificada no solo e no ar da região atingida pelo rompimento da barragem B1.

Sem dúvida o ecogenocídio provocado pela Vale S/A e pelo Estado brasileiro alinham-se ao conceito de necroeconomia .

Sobre necroeconomia segundo Migoto Filho(62) há, além da necropolítica, também uma necroeconomia que lhe serviria de contraparte. Esta se dedicaria

(61) SECRETARIA DE SAÚDE DO ESTADO DE MINAS GERAIS. *Boletim Informativo:* Qualidade da água para consumo humano em soluções alternativas de abastecimento em municípios atingidos pelo desastre da Vale S.A. em Brumadinho, Minas Gerais (2019-2021). Belo Horizonte: [*s. n.*], 2022. [p. 56].

(62) MIGOTO FILHO, Tadeu José. *Necropolítica através de suas influências: Achille Mbembe na Encruzilhada entre Estado de Exceção, Biopoder e Colonialidade.* Dissertação de mestrado, Programa de Pós- Graduação em Filosofia, na Universidade Estadual de Londrina, Londrinha, 2022, p. 148.

a produzir uma população supérflua, eivada de morte e aquela movimenta uma economia em torno dessa destruição em massa e de sujeiçãviolenta dos corpos. Segundo MBEMBE, Achille, pesquisador africano, autor da teorização da necroeconomia esta, atualment,e assume a forma de uma economia da clausura, da securitização e da neutralização das populações tornadas supérfluas por esse poder de morte, de tal maneira que:

> "Falamos em necroeconomia no sentido de que uma das funções do capitalismo atual é produzir em grande escala uma população supérflua. Uma população que o capitalismo não mais precisa explorar, mas que tem de gerir de algum modo. Uma maneira de gerir esses excedentes de população é sua exposição a todo tipo de perigos e riscos, frequentemente mortais. Outra técnica consistiria em isolá-los e enclausurá-los em zonas de controle. É a prática do "zoneamento". [...] Existe toda uma economia da clausura, uma economia em escala mundial que se nutre da *securitização*, essa ordem que exige que uma parte do mundo fique confinada. A necropolítica seria então o arremedo político dessa forma de violência do capitalismo contemporâneo (MBEMBE, 2019b, p. 10-11). MBEMBE, Achille. *Poder Brutal, Resistência Visceral.* São Paulo: N-1 Edições, 2019b."(63)

(63) MBEMBE, Achille. *Poder Brutal, Resistência Visceral.* São Paulo: N-1 Edições, 2019. p. 10-11.

Capítulo 2

Responsabilidade Civil e Ecogenocídio da Vale S/A

A Vale S/A, ao provocar o ecogenocídio de Brumadinho/MG em 2019, violou, no âmbito externo, infringiu o art. 18 da Convenção Sociolaboral do Mercosul e diversas convenções da Organização Internacional do Trabalho (OIT), entre elas:

- a *Convenção n. 81 – Inspeção do Trabalho na Indústria e no Comércio*(64), inspeção que no Brasil é feita pelos Auditores Fiscais do Trabalho (AFTs), lotados nas Superintendências Regionais do Trabalho (SRTEs). Essa convenção foi promulgada pelo Decreto n. 41.721, de 25.06.1957, com vigência em 25.04.1958;
- a *Convenção n. 148 – Contaminação do Ar, Ruído e Vibrações*(65), promulgada pelo Decreto n. 93.413, de 15.10.1986 e vigência em 14.01.1983;
- a *Convenção n. 155 – Segurança e saúde dos trabalhadores*, promulgada pelo Decreto n. 1.254, de 29.09.1994, com vigência nacional em 18.05.1993 (posteriormente consolidada pelo Decreto n. 10.088, de 5.11.2019, em especial seus arts. 4º (visão prevencionista(66)) e 11 (princípio de realização progressiva,

(64) ORGANIZAÇÃO INTERNACIONAL DO TRABALHO. *Convenção n. 81* - Inspeção do Trabalho na Indústria e no Comércio. Aprovada na 30ª reunião da Conferência Internacional do Trabalho, Genebra, 19 de junho de 1947.

(65) "Art. 4 — 1. A legislação nacional deverá dispor sobre *a adoção de medidas no local de trabalho para prevenir e limitar os riscos profissionais* devidos à contaminação do ar, ao ruído e às vibrações, e para proteger os trabalhadores contra tais riscos." (ORGANIZAÇÃO INTERNACIONAL DO TRABALHO. *Convenção n. 148* – Contaminação do Ar, Ruído e Vibrações. Aprovada na 63ª reunião da Conferência Internacional do Trabalho, Genebra, 20 de junho de 1977. Grifos nossos.)

(66) "PARTE II PRINCÍPIO DE UMA POLÍTICA NACIONAL – Art. 4 — 1. [...] 2. **Essa política terá como objetivo prevenir os acidentes e os danos à saúde** que forem conseqüência do trabalho tenham relação com a atividade de trabalho, ou se apresentarem durante o trabalho, **reduzindo ao mínimo**, na medida que for razoável e possível, **as causas dos riscos inerentes ao meio-ambiente de**

ou vedação ao retrocesso, significando que as conquistas já obtidas não podem ser suprimidas);

▪ a *Convenção n. 161 – Serviços de Saúde do Trabalho*[(67)], que, além dos serviços, trata da identificação e avaliação dos riscos de saúde no trabalho), promulgada pelo Decreto n. 127, de 22.05.1991 e vigência em 18.05.1991;

▪ a *Convenção n. 174 – Convenção sobre a Prevenção de Acidentes Industriais Maiores*, que se aplica a instalações sujeitas a riscos de acidentes de maior proporção e que foi promulgada pelo Decreto n. 4.085, de 15.01.2002, com vigência nacional em 02.08.2002), especialmente em seu art. 17[(68)].

▪ Ainda no âmbito internacional, houve violação da Convenção Americana de Direitos Humanos[(69)] (CADH) no art. 4 (direito à vida), art. 5 (direito à integridade pessoal), art. 8 (garantias judiciais), art. 19 (direitos da criança), art. 21 (propriedade privada), art. 22 (circulação e residência), art. 25 (proteção judicial) e art. 26 (desenvolvimento progressivo dos DESCA). Também foram infringidos o art. 10 (direito à saúde), art. 11 (direito ao meio ambiente do trabalho sadio), art. 12 (direitos à alimentação), além de outros artigos do Protocolo Adicional à CADH em Matéria de Direitos

---

trabalho." (OIT — ORGANIZAÇÃO INTERNACIONAL DO TRABALHO. *Convenção n. 155* - Segurança e Saúde dos Trabalhadores. Aprovada na 67ª reunião da Conferência Internacional do Trabalho, Genebra, 1981. Grifos nossos)

(67) "Art. 5 — *Sem prejuízo da responsabilidade de cada empregador a respeito da saúde e da segurança dos trabalhadores* que emprega, e tendo na devida conta a necessidade de participação dos trabalhadores em matéria de segurança e saúde no trabalho, **os serviços de saúde no trabalho devem assegurar** as funções, dentre as seguintes, que sejam adequadas e ajustadas aos riscos da empresa com relação à saúde no trabalho:

a) *identificar e avaliar os riscos para a saúde, presentes nos locais de trabalho;*

b) *vigiar os fatores do meio de trabalho e as práticas de trabalho que possam afetar a saúde dos trabalhadores*, inclusive as instalações sanitárias, as cantinas e as áreas de habitação, sempre que esses equipamentos sejam fornecidos pelo empregador;" (ORGANIZAÇÃO INTERNACIONAL DO TRABALHO. *Convenção n. 161* - Serviços de Saúde do Trabalho. Aprovada na 71ª reunião da Conferência Internacional do Trabalho, Genebra, 7 de junho de 1985. Grifos nossos)

(68) "Art. 17 - A autoridade competente deverá estabelecer uma política global de zoneamento com vista ao adequado isolamento de novas instalações de risco maior de áreas residenciais e de trabalho, e de logradouros públicos, assim como medidas adequadas para instalações já existentes. Essa política deverá refletir os princípios gerais enunciados na Parte II desta Convenção." (OIT — ORGANIZAÇÃO INTERNACIONAL DO TRABALHO. *Convenção n. 174* - Sobre a Prevenção de Acidentes Industriais Maiores. Aprovada na 80ª reunião da Conferência Internacional do Trabalho, Genebra, 2 de junho de 1993)

(69) CIDH — COMISSÃO INTERAMERICANA DE DIREITOS HUMANOS. *Convenção Americana de Direitos Humanos*. "Pacto de San José de Costa Rica". Assinada na Conferência Especializada Interamericana sobre Direitos Humanos, San José, Costa Rica, em 22 de novembro de 1969.

Econômicos, Sociais e Culturais(70). Destaque-se que, pela aplicação do art. 26 do CADH e após o precedente do *Caso Lagos del Campo vs Peru*(71), de 2017, a CADH garantiu que não só os arts. 8º e 13 (de acordo como art. 6º), mas todos os direitos garantidos no Protocolo DESCA (adotado pela Assembleia Geral da ONU em 2008, em vigor no plano internacional desde 2013) fossem passíveis de justiciabilidade. Além dessas violações diretas ao DESCA, houve também as indiretas, por meio das quais se usa dos direitos econômicos e políticos como instrumento para punir violações aos direitos sociais e culturais, técnica de esverdeamento, ou *greening, de defesa transnacional e transnormativa do Direito Ambiental,* que será visto no Capítulo 10.

No âmbito interno, a Vale S/A violou o art. 7, XXII; o art. 200, VIII, e o art. 225, *caput* e § 3º da Constituição Federal do Brasil (CF/88). A Carta Magna assegura o direito ao meio ambiente ecologicamente equilibrado em seu art. 225, *caput*, estabelecendo, *a priori*, um conjunto de deveres que vinculam pessoas de direito privado e de direito público, bem como o dever da reparação integral dos danos ao ambiente, previsto no § 3º do referido dispositivo, e ainda o dever de reparação do meio ambiente laboral, previsto no art. 200, VIII.

Da mesma forma, houve desrespeito à Constituição do Estado de Minas Gerais, que prevê, em seu art. 214, § 5º, o princípio da reparação integral do dano ao ambiente. Ocorreu, além disso, violação aos princípios norteadores do Direito

(70) OEA — ORGANIZAÇÃO DOS ESTADOS AMERICANOS. CIDH — COMISSÃO INTERAMERICANA DE DIREITOS HUMANOS. *Protocolo Adicional à Convenção Americana sobre Direitos Humanos em Matéria de Direitos Económicos, Sociais e Culturais.* "Protocolo de San Salvador". San Salvador, El Salvador, 17 nov. 1988. Disponível em: https://www.oas.org/juridico/portuguese/treaties/a-52.htm. Acesso em: 24 fev. 2024.

(71) "A justiciabilidade dos direitos sociais é constantemente debatida no cenário interamericano, já existindo decisões da Corte IDH envolvendo esse grupo de direitos. Uma dessas sentenças, posteriormente invocada no *Caso Lagos del Campo vs. Peru* como um precedente estabelecido, é o *Caso Acevedo Buendía e outros* vs. *Peru*. Embora a sentença do Caso Lagos del Campo indique o precedente como favorável a justiciabilidade direita dos DESCA, questiona-se: trata-se de um reforço do precedente existente ou, apesar da referência expressa ao mesmo, de uma mudança de posicionamento da Corte de San José quanto à justiciabilidade dos direitos sociais? Utilizando-se dos métodos dedutivo e comparativo, é possível concluir que, embora a decisão faça referência ao precedente determinado no Caso Acevedo Buendía, o posicionamento adotado no caso Lagos del Campo é distinto daquele, atribuindo maior alcance à competência da Corte e a exigibilidade direta dos DESCA através do art. 26 da Convenção Americana sobre Direitos Humanos, não definida no, em tese, precedente sobre o tema." (MORAES, Maria Valentina de; LEAL, Mônia Clarissa Hennig. Casos Lagos Del Campo X Acevedo Buendía: Nova Interpretação da Corte Interamericana de Direitos Humanos Quanto à Justiciabilidade dos Direitos Sociais? *Direito Público*, Brasília, v. 19, n. 104, p. 399-425, out./dez. 2022. p. 399)

Ambiental do Trabalho: princípio do desenvolvimento sustentável (ou ubiquidade), e da prevenção (há uma maior certeza científica dos riscos danosos ao meio ambiente). O princípio da prevenção é também denominado por Oliveira[(72)] de princípio do risco mínimo regressivo, ou princípio da retenção do risco na fonte, sendo que prevenção é mais do que proteção (veja-se nesse sentido a *função prevencionista*, disposta na *Convenção n. 155 da OIT*, em seu art. 4, item 2[(73)]). Na visão desse autor[(74)], é preciso conjugar três grandes fatores ao tratar-se de meio ambiente laboral: *primeiro, a prevenção, segundo, fiscalização e terceiro, sanção.*

Há também os princípios da precaução (ainda que não haja certeza científica, não é razão para postergação de medidas que impeçam degradação ambiental) da melhoria contínua, da informação-participativa, prevista na *Convenção n. 161 da OIT*, em seu art. 13.

Ainda no ordenamento jurídico pátrio, também houve violações às normativas de meio ambiente laboral da Consolidação das Leis do Trabalho (CLT), em especial nos arts. 162 a 166, e art. 189ª 197, e de suas Normas Regulamentadoras (NRs), notadamente:

- a *NR-05* — que define os parâmetros e os requisitos da Comissão Interna de Prevenção de Acidentes (CIPA), tendo como proposta prevenir acidentes e doenças associadas ao trabalho, a fim de garantir a preservação da vida e promoção da saúde do trabalhador;
- a *NR-06* — conforme classificação estabelecida na Portaria SIT n. 787, de 29.11.2018, é norma especial, posto que regulamenta a execução do trabalho com uso de Equipamentos de Proteção Individual (EPIs), sem estar condicionada a setores ou atividades econômicas específicas;
- a *NR-09* — que tem como objetivo principal proteger a saúde do trabalhador, seja ela física ou mental, e garantir que seu ambiente de trabalho

(72) OLIVEIRA, Sebastião Geraldo de. O dia nacional das vítimas de acidentes do trabalho e o imperativo da prevenção. In: SOUZA, Adriana Augusta de Moura *et al.* (Coords.). *Grandes Acidentes do Trabalho no Brasil* — repercussões jurídicas e abordagem multidisciplinar. Belo Horizonte: RTM, 2021. p. 21-22.

(73) "PARTE II PRINCÍPIO DE UMA POLÍTICA NACIONAL - Art. 4 — 1. [...] 2. *Essa política terá como objetivo prevenir os acidentes e os danos à saúde* que forem conseqüência do trabalho tenham relação com a atividade de trabalho, ou se apresentarem durante o trabalho, *reduzindo ao mínimo*, na medida que for razoável e possível, *as causas dos riscos inerentes ao meio-ambiente de trabalho*." (OIT — ORGANIZAÇÃO INTERNACIONAL DO TRABALHO. *Convenção n. 155* - Segurança e Saúde dos Trabalhadores. Aprovada na 67ª reunião da Conferência Internacional do Trabalho, Genebra, 1981. Grifos nossos)

(74) OLIVEIRA, Sebastião Geraldo de. O dia nacional das vítimas de acidentes do trabalho e o imperativo da prevenção. In: SOUZA, Adriana Augusta de Moura *et al.* (Coords.). *Grandes Acidentes do Trabalho no Brasil* — repercussões jurídicas e abordagem multidisciplinar. Belo Horizonte: RTM, 2021. p. 41.

seja sempre salubre, com condições ideais para exercer sua jornada, especialmente em seu item 9.5.2;

- a *NR-22* — do Ministério do Trabalho, Portaria Secretaria da Inspeção do Trabalho-SIT n. 787, de 29.11.2018, que regulamenta a execução do trabalho em setores ou atividades econômicos específicos, qual seja, mineração.

Cumpre mencionar ainda violações às normativas relativas ao poluidor-pagador, constantes da Lei n. 6.938/1981, em especial em seu art. 4, VII(75), com previsão de responsabilidade objetiva para o poluído e o predador. Ainda sobre responsabilidade civil, primeiramente, deve ser ressaltado que há um caso peculiar de suspensão da prescrição prevista no art. 200, CC: "Quando a ação se originar de fato que deva ser apurado no juízo criminal, não correrá a prescrição antes da respectiva sentença definitiva"(76).

Na visão de Oliveira(77), os acidentes de trabalho e doenças ocupacionais podem implicar os seguintes tipos penais: art. 132 (exposição à vida ou saúde de outrem) e art. 250 a art. 259 (crimes de perigo comum contra a incolumidade pública) do Código Penal, bem como os tipos penais previstos na Lei n. 7.802/1989 (Lei dos Agrotóxicos).

Ressalte-se que as ações penais relativas ao ecogenocídio ainda não transitaram em julgado, aliás, só recentemente, em 16.12.2022, é que o STF definiu que a competência para essas ações penais é da Justiça Federal(78). Apenas para clarificar, em janeiro de 2024, cinco anos após o ecogenocídio, dos 16 (dezesseis) diretores da Vale S/A denunciados pelo MPE/MG nenhum tinha sido condenado criminalmente(79).

---

(75) "Art. 4º A Política Nacional do Meio Ambiente visará: [...] VIII – VII – à imposição, ao poluidor e ao predador, da *obrigação de recuperar e/ou indenizar os danos causados*, e ao usuário, de contribuição pela utilização de recursos ambientais com fins econômicos." (BRASIL. *Lei n. 6.938, de 31 de agosto de 1981*. Dispõe sobre a Política Nacional do Meio Ambiente, seus fins e mecanismos de formulação e aplicação, e dá outras providências. Brasília, DF: Presidência da República, 1981)

(76) BRASIL. *Lei n. 10.406, de 10 de janeiro de 2022*. Institui o Código Civil. Brasília, DF: Presidência da República, 2002.

(77) OLIVEIRA, Sebastião Geraldo de. O dia nacional das vítimas de acidentes do trabalho e o imperativo da prevenção. In: SOUZA, Adriana Augusta de Moura *et al.* (Coords.). *Grandes Acidentes do Trabalho no Brasil* — repercussões jurídicas e abordagem multidisciplinar. Belo Horizonte: RTM, 2021. p. 32.

(78) CONJUR. Supremo decide que é da Justiça Federal a competência para julgar'caso Brumadinho—. *Consultor Jurídico*, 16 dez. 2022.

(79) ALTINO, Lucas; AZEVEDO, Luis Felipe. Brumadinho: cinco anos depois da maior tragédia humanitária do país, ninguém foi condenado pelas 270 mortes. *O Globo*, Notícia, 24 jan. 2024.

Na visão deste trabalho, os direitos são históricos(80); evolui-se da responsabilidade meramente contratual e, sendo esta insuficiente, para a aquiliana(81), clássica ou subjetiva, e depois para a objetiva, com danos *in re ipsa*.

No Brasil, além das responsabilidades contratuais típicas e atípicas, normalmente trabalha-se com duas cláusulas abertas de responsabilidade civil, previstas nos arts. 186 e 187, do CC(82), que envolve ato ilícito do agente (culpa ou dolo), ou seja, responsabilidade subjetiva; e no art. 927, parágrafo único, do CC(83), que determina a responsabilidade objetiva que envolve atividade de risco e com alta capacidade de provocar danos.

Segundo o médico e Auditor Fiscal do Trabalho Mário Parreiras(84), a mineração normalmente é uma atividade de risco alto, porque decorre amiúde de explosões, poeiras, ruídos etc. Essa atividade também costuma causar diversas doenças pulmonares, perdas auditivas decorrentes das explosões, distúrbios osteoarticulares entre outras patologias. De acordo com os dados da Relação Anual de Informações Sociais (RAIS), o adoecimento e acidentes fatais de trabalhadores de 1999 a 2017 para outros setores foi de 20,3 a 5,57 empregados por mil, e na mineração foi de 58,7 a 14,81 por mil, ou seja, a taxa de mortalidade para trabalhadores da mineração é 2,65 vezes maior do que para outros setores.

---

(80) COMPARATO, Fábio Konder. *A afirmação histórica dos direitos humanos*. 4. ed. São Paulo: Saraiva, 2005.

(81) Gênese, III AC, *Lex Aquilina*, Roma que previu lesão à propriedade alheia, independente de contrato prévio entre as partes. A despeito da data incerta, possivelmente foi apresentada em 287 a.C., pelo Tribuno da Plebe de nome *Aquilius*, razão esta que intitula a própria lei. (ANDRADE, Pedro Gustavo Gomes. *Responsabilidade extraterritorial e transnormatividade*: um estudo de caso da Companhia Siderúrgica do Atlântico. 2016. 98 f. Dissertação (Mestrado em Direito Ambiental e Desenvolvimento Sustentável) – Escola Superior Dom Helder Câmara, Belo Horizonte, 2016. p. 51).

(82) "Art. 186. Aquele que, por ação ou omissão voluntária, negligência ou imprudência, violar direito e causar dano a outrem, ainda que exclusivamente moral, comete ato ilícito.

Art. 187.Também comete ato ilícito o titular de um direito que, ao exercê-lo, excede manifestamente os limites impostos pelo seu fim econômico ou social, pela boa-fé ou pelos bons costumes." (BRASIL. *Lei n. 10.406, de 10 de janeiro de 2022*. Institui o Código Civil. Brasília, DF: Presidência da República, 2002.)

(83) "Art. 927. Aquele que, por ato ilícito (arts. 186 e 187), causar dano a outrem, fica obrigado a repará-lo. Parágrafo único. Haverá *obrigação de reparar o dano, independentemente de culpa*, nos casos especificados em lei, ou quando a atividade normalmente desenvolvida pelo autor do dano implicar, por sua natureza, risco para os direitos de outrem." (*Ibid.*, grifo nosso)

(84) FARIA, Mário Parreiras. O rompimento de barragens de rejeitos: o desafio da prevenção. In: SOUZA, Adriana Augusta de Moura *et al.* (Coords.). *Grandes Acidentes do Trabalho no Brasil* — repercussões jurídicas e abordagem multidisciplinar. Belo Horizonte: RTM, 2021. p. 187.

Para Faria e Dwyer[85], ao passo que os acidentes de trabalho e doenças ocupacionais apresentaram certos decréscimos em outros setores, estes aumentaram de 2007 a 2009 em até 40%, na mineração. Por estes fatores a mineração é considerada de alto e excepcional risco.

Sobre a responsabilidade trabalhista há uma aparente contradição entre o art. 7º, XXVIII, da CF/88 (c/c os arts. 933 e 932, III, do CC, e com a Súmula n. 289, do TST) e o art. 200, VIII, CF/88 (c/c art. 3, IV, e art. 14, § 1º da Lei n. 6.938/1981[86]), porque o primeiro dispositivo optou pela responsabilidade aquiliana, clássica, e o segundo dispositivo pela responsabilidade objetiva. Porém a doutrina[87] clarifica que a responsabilidade do empregador é aquiliana para casos *tópicos* de danos (causalidade tópica), sendo objetivo quando a causalidade é *sistêmica, difusa*, decorrente do fato de ser um poluidor — labor ambiental (art. 14, § 1º, Lei n. 6.938/1981), como no ecogenocídio de Brumadinho.

Em resumo, as responsabilidades trabalhistas são quatro: 1º) a do empregador, para causalidade *pontual*, normalmente a aquiliana, clássica (art. 7º, XXVIII, CF/88); 2º) mesmo em acidentes pontuais, se a atividade do empregador oferecer riscos excepcionais, superlativos, ou se o empregador for poluidor, sua responsabilidade desloca-se para a objetiva (art. 927, parágrafo único, CC, c/c a Convenção n. 174 da OIT[88]), sendo que, no caso de Brumadinho, as "substâncias perigosas"

---

(85) FARIA, Mário Parreiras; DWYER, Tom. Safety and health in mining in Brazil. *Arbete och Hälsa* (Work and Health), Gothenburg, vol. 47, p. 150-159, 2013. p. 47.

(86) "Art. 14. Sem prejuízo das penalidades definidas pela legislação federal, estadual e municipal, o não cumprimento das medidas necessárias à preservação ou correção dos inconvenientes e danos causados pela degradação da qualidade ambiental sujeitará os transgressores: [...] § 1º Sem obstar a aplicação das penalidades previstas neste artigo, é o *poluidor obrigado, independentemente da existência de culpa*, a indenizar ou reparar os danos causados ao meio ambiente e a terceiros, afetados por sua atividade. O Ministério Público da União e dos Estados terá legitimidade para propor ação de responsabilidade civil e criminal, por danos causados ao meio ambiente." (BRASIL. *Lei n. 6.938, de 31 de agosto de 1981*. Dispõe sobre a Política Nacional do Meio Ambiente, seus fins e mecanismos de formulação e aplicação, e dá outras providências. Brasília, DF: Presidência da República, 1981. Grifos nossos)

(87) FELICIANO, Guilherme Guimaraes; PASQUALETO, Olívia de Quintana Figueredo. A (in) efetividade dos princípios jurídico-ambientais nos grandes acidentes de trabalho e a responsabilização empregador-poluidor: uma análise do caso de "Brumadinho". In: SOUZA, Adriana Augusta de Moura *et al.* (Coords.). *Grandes Acidentes do Trabalho no Brasil* — repercussões jurídicas e abordagem multidisciplinar. Belo Horizonte: RTM, 2021. p. 145.

(88) "Art. 1º — 1. A presente Convenção tem por objeto a prevenção de acidentes industriais maiores que envolvam substâncias perigosas e a limitação das consequências desses acidentes. 2. A Convenção aplica-se a instalações sujeitas a riscos de acidentes maiores." (OIT — ORGANIZAÇÃO INTERNACIONAL DO TRABALHO. *Convenção n. 174* - Sobre a Prevenção de Acidentes Industriais Maiores. Aprovada na 80ª reunião da Conferência Internacional do Trabalho, Genebra, 2 de junho de 1993)

são as químicas, a lama tóxica, incluídas no art. 3, alíneas "a" e "d" da Convenção n. 174; 3º) para acidentes *sistêmicos* a responsabilidade é objetiva (art. 200, VIII, CF/88); e 4º) também em danos sistêmicos, para os empregadores poluidores a responsabilidade é objetiva (art. 927, parágrafo único, CC, e art. 14, § 1º, Lei n. 6.938/1981).

Há 7 (sete) grandes motivos de quebra do nexo de causalidade relativamente à conduta do agente e aos danos causados, nos casos de responsabilidade subjetiva: 1º) legítima defesa (o sujeito repele injusta *agressão* atual e eminente a si ou a outrem); 2º) o exercício regular do direito; 3º) estrito cumprimento do dever legal; 4º) estado de necessidade (a fim de desviar-se de *risco* imediato, o sujeito ataca direito alheio, não podendo ele ter agido de outra maneira), conforme o art. 935, CC, c/c o art. 188, e os arts. 929 e 930, CC, e c/c o art. 65, CPP[89]; 5º) se a culpa foi exclusiva da vítima (e decisiva para o evento); 6º) se houve fato de terceiros (que não sejam nem do agente causador, nem da vítima); e 7º) em caso fortuito ou de força maior, imprevisíveis e inevitáveis.

Amiúde são três os grandes elementos da responsabilidade subjetiva: 1º) a *conduta do agente (dolosa ou culposa)*; 2º) o *nexo causal* (relação de causa e efeito entre a conduta do agente e o resultado obtido); e 3º) *os danos indenizáveis*.

Há uma recente tendência de alteração dos elementos clássicos da responsabilidade aquiliana, subjetiva, na linha da teoria do conhecimento de Khun[90], ocorrendo uma certa flexibilização em seus contornos clássicos, notadamente no que concerne ao nexo causal[91].

Sobre a conduta do agente, além do dolo (intenção direta de produzir o resultado, ou assunção dos riscos do acontecimento), há a culpa na forma de omissão ou de ação cometida por imprudência (o agente comete o ato de forma precipitada, excessiva, não enfrentando os riscos), por imperícia (falta de conhecimento técnico ou científico, ou habilidades básicas) ou por negligência (desídia, descuido falta de cuidados básicos).

---

(89) "Art. 65. Faz coisa julgada no cível a sentença penal que reconhecer ter sido o ato praticado em estado de necessidade, em legítima defesa, em estrito cumprimento de dever legal ou no exercício regular de direito." (BRASIL. *Decreto-lei n. 3.689, de 3 de outubro de 1941*. Código de Processo Penal. Rio de Janeiro: Presidência da República, 1941)

(90) KUHN, Thomas S. *A estrutura das revoluções científicas*. São Paulo: Perspectiva, 1987.

(91) No mesmo sentido o entendimento de SCHREIBER, Anderson. *Novos paradigmas da responsabilidade civil:* da erosão dos filtros da reparação à diluição dos danos. 6. ed. São Paulo: Atlas, 2015.

No que diz respeito ao nexo causal, englobam-se teorias as mais diversas, desde a causalidade direta e imediata (interrupção do nexo causal, ou causalidade necessária), a teoria da causalidade adequada, a teoria dos equivalentes dos antecedentes (ou das condições), entre outras. O dano indenizável também tem admitido uma miríade de classificações. O art. 403, CC[92], parece inclinar-se para a causalidade direta e imediata e a causalidade adequada. Sobre o nexo causal, três grandes teorias predominam na doutrina:

> "A *teoria da equivalência dos antecedentes*, também chamada de teoria da equivalência das condições, ou ainda, *conditio sine qua non*, considera que toda e qualquer circunstância que tenha concorrido para a produção do dano é considerada como causa. Esta, segundo a maioria da doutrina, é a teoria adotada pelo código penal brasileiro. Segundo a análise do art. 13 do Código Penal, que estabelece: "O resultado de que depende a existência do crime, somente é imputável, a quem lhe deu causa. Considera-se a causa a ação ou omissão sem a qual o resultado não teria ocorrido". A igual relevância entre todas as condições justificasse por um simples exercício de exclusão: sem cada uma delas o resultado não teria ocorrido. Esta teoria é alvo de inúmeras críticas, pois pode levar a uma regressão infinita. [...]
>
> Na *teoria da causalidade direta ou imediata*, que também pode ser chamada de teoria da interrupção do nexo causal, a causa pode ser classificada como apenas o antecedente fático que, ligado por um vínculo de necessariedade ao resultado danoso, determinasse esse último como uma consequência sua, direta e imediata.
>
> Já a *teoria da causalidade adequada* pode ser tida como a menos extremada, por exprimir a lógica do razoável. Em apertada síntese, ela leciona que haverá nexo causal quando, pela ordem natural das coisas, a conduta do agente poderia adequadamente produzir o nexo causal. Isto é, quando várias condições concorrerem para a ocorrência de um mesmo resultado, a causa será a condição mais determinante para a produção do efeito danoso, desconsiderando-se as demais. (SANTOS, 2012)".[93]

---

(92) "Art. 403. Ainda que a inexecução resulte de dolo do devedor, as perdas e danos só incluem os prejuízos efetivos e os lucros cessantes *por efeito dela direto e imediato*, sem prejuízo do disposto na lei processual." (BRASIL. *Lei n. 10.406, de 10 de janeiro de 2022*. Institui o Código Civil. Brasília, DF: Presidência da República, 2002. Grifo nosso)

(93) SANTOS *apud* MELLO, Roberta Salvático Vaz. *A reparação e compensação dos danos existenciais e a função precaucional preventiva da responsabilidade civil:* uma análise a partir das tragédias de Mariana e de Brumadinho. 2021. Tese (Doutorado em Direito) – Faculdade de Direito, Universidade Federal de Minas Gerais, Belo Horizonte, 2021. p. 86. Grifos nossos.

No Brasil, de forma geral, há a classificação de danos patrimoniais e extrapatrimoniais, embora com variações terminológicas também as mais diversas, sendo comum alguns autores usarem como sinônimo de *dano patrimonial, o material* (que por sua vez divide-se em *danos emergentes*, o que se perdeu) e *lucros cessantes* (o que se deixou de ganhar, ou lucrar), conforme o art. 402, CC[(94)], podendo retornar ao estado anterior ao dano (mas admite-se reparação indenizatória na impossibilidade de retorno), porque ligam-se à causa da destruição de um bem. Por sua vez, o dano *extrapatrimonial é sinônimo de dano moral.*

Também nesse sentido há variações tanto semióticas, quanto classificatórias. Rosenvald[(95)], ao usar da Reforma Trabalhista, Lei n. 13.467/2017, em especial o art. 223, *"b"*, da CLT, como fio condutor, propôs que o *dano extrapatrimonial* fosse considerado como gênero, açambarcando 4 (quatro) grandes espécies: *dano moral, à imagem, estético e existencial.*

Dentre os danos indenizáveis foram identificados na Itália por Guido Alba cerca de 32 (trinta e dois) tipos diferentes: o dano sexual, o biológico, o social (*dumping social*), o coletivo, o morte, o moral, a perda de uma chance, dano em ricochete, entre tantos outros.

Há algum consenso no sentido de que os danos extrapatrimoniais seriam inerentes aos direitos da personalidade[(96)], direito à vida e à integridade física (corpo vivo, corpo morto, voz), à integridade psíquica, às criações intelectuais (liberdade, criações intelectuais, privacidade e segredo) e à integridade moral (honra, imagem, identidade pessoal), que amiúde são de difícil quantificação.

O dano por *perda de uma chance* ocorre porque o sujeito foi ceifado de um determinado *projeto de vida* e tem gênese no Direito Italiano. No Brasil, esse tipo tem sido considerado ora como uma das espécies do dano extrapatrimonial, ora como um tipo de dano patrimonial para Rosenvald[(97)] e Carnaúva[(98)], porque para

---

(94) "Art. 402. Salvo as exceções expressamente previstas em lei, as perdas e danos devidas ao credor abrangem, além do que ele efetivamente perdeu, o que razoavelmente deixou de lucrar."(BRASIL. *Lei n. 10.406, de 10 de janeiro de 2022.* Institui o Código Civil. Brasília, DF: Presidência da República, 2002)

(95) ROSENVALD, Nelson. Por uma tipologia aberta dos danos extrapatrimoniais. *Migalhas*, Migalhas de Responsabilidade Civil, 23 abr. 2020.

(96) GAGLIANO, Pablo Stolze; PAMPLONA FILHO, Rodolfo. *Novo curso de direito civil:* volume III: Responsabilidade civil. 14. ed. São Paulo: Saraiva, 2016.

(97) ROSENVALD, Nelson. Por uma tipologia aberta dos danos extrapatrimoniais. *Migalhas*, Migalhas de Responsabilidade Civil, 23 abr. 2020.

(98) CARNAÚBA, Daniel Amaral. A responsabilidade civil pela perda de uma chance: a técnica na jurisprudência francesa. *Revista dos Tribunais*, v. 101, n. 922, p. 139-171, ago. 2012.

estes autores seria um tipo de dano patrimonial, ao lado de danos emergentes e lucros cessantes.

Bebber faz interessante diferenciação entre os danos morais (mais ligado à dor, ao sofrimento interno), os estéticos (aspectos físicos) e os existenciais (perda de faculdade de exercício de uma atividade):

O dano moral tem repercussão íntima (padecimento da alma, dor, angústia, mágoa, sofrimento etc.). Sua dimensão, portanto, é subjetiva e, por isso, não exige prova; Os danos estético (alteração no aspecto físico exterior com a qual a pessoa terá de conviver nas relações sociais), [...] e existencial (renúncia a uma atividade concreta) têm repercussão externa. Suas dimensões, portanto, são objetivas e podem ser objeto de prova.(99)

Já o dano morte tem previsão na legislação de Portugal e ocorre com a perda da vida do seu titular, sendo certo que, a despeito de que ninguém faz sua dor alheia, os efeitos patrimoniais do dano morte são transmissíveis aos herdeiros do falecido.

Na visão exposta desta obra, o dano morte comina-se com o dano em ricochete por danos morais, que concerne aos sucessores do falecido de forma pessoal, pelo fato de que eles sofreram com esta perda. Em tema similar, existem as Súmulas ns. 37 e 387 do Superior Tribunal de Justiça (STJ)(100), possibilitando a cumulação de danos morais com estéticos. Há também nesse sentido a recente Súmula n. 642, também do STJ: "O direito à indenização por *danos morais* transmite-se com o falecimento do titular, possuindo os herdeiros da vítima legitimidade ativa para ajuizar ou prosseguir a ação indenizatória".(101)

Nessa linha compartilha-se do pensamento de Mello de que no ecogenocídio tanto de Brumadinho (2019), quanto no de Mariana e Bento Gonçalves (2015) houve incidência de danos patrimoniais (lucros cessantes, danos emergentes

(99) BEBBER, Júlio César. Danos extrapatrimoniais (estético, biológico e existencial). Breves considerações. *Revista LTr:* Legislação do Trabalho, São Paulo, v. 73, n. 1, p. 26-29, jan. 2009.

(100) BRASIL. Superior Tribunal de Justiça. *Súmula n. 37*. São cumuláveis as indenizações por dano material e dano moral oriundos do mesmo fato. Brasília, DF: Superior Tribunal de Justiça, 12 mar. 1992; e BRASIL. Superior Tribunal de Justiça. *Súmula n. 387*. É lícita a cumulação das indenizações de dano estético e dano moral. Brasília, DF: Superior Tribunal de Justiça, 26 ago. 2009.

(101) BRASIL. Superior Tribunal de Justiça. *Súmula n. 642*. O direito à indenização por danos morais transmite-se com o falecimento do titular, possuindo os herdeiros da vítima legitimidade ativa para ajuizar ou prosseguir a ação indenizatória. Brasília, DF: Superior Tribunal de Justiça, 2 dez. 2020. Grifo nosso.

e perda de uma chance) e extrapatrimoniais (tanto morais, estéticos, à imagem e existenciais), além do dano morte, na visão deste trabalho:

> "Assim, considerando a vida dos moradores de Bento Rodrigues, Paracatu de Baixo e Barra Longa, que foram diretamente atingidos pelo rompimento da Barragem de Fundão (da Samarco, em Mariana), perdendo sua história e suas referências para a lama de rejeitos de minério de ferro; considerando ainda a vida dos moradores dos 38 (trinta e oito) municípios afetados pelo rompimento da referida barragem; dos familiares e amigos das 19 (dezenove) vítimas fatais do rompimento da barragem da Samarco; considerando as famílias e amigos das 270 (duzentos e setenta) vítimas do rompimento da Barragem B-I da Mina do Córrego do Feijão da Vale, em Brumadinho, incluindo dezenas de crianças órfãs; e ainda considerando a vida das comunidades ao longo do Rio Paraopeba, constata-se com facilidade a ocorrência do dano existencial. O dano é permanente, deixou marcas profundas.
>
> Pela dor dos moradores de Brumadinho, Igarapé, São Joaquim de Bicas, Paraopeba e outros municípios que tiveram uma mudança abrupta em seu modo de vida e na relação com o Rio Paraopeba. Pela dor de tantas outras pessoas que sofreram e ainda sofrem com as consequências nefastas do rompimento das barragens da Samarco e da Vale. O dano existencial é tão profundo, que é difícil pensar em uma compensação possível. É um dano na alma, que alterou de forma permanente o projeto de vida dos atingidos, frustrando suas escolhas pessoais. Além do dano existencial, na esfera dos danos extrapatrimoniais, os atingidos sofreram danos morais, já que há nítida ofensa aos diretos de personalidade, e algumas vítimas sobreviventes sofreram danos estéticos, já que a lama de rejeitos de minério aliada a velocidade de deslocamento é semelhante a pequenas navalhas. Ademais, no deslocamento, a lama foi carregando tudo o que via pela frente: estruturas de concreto, veículos, árvores, pedras e pessoas. Algumas vítimas sobreviventes foram praticamente "moídas" pela lama de rejeitos de minério misturada aos escombros, que nas palavras das vítimas sobreviventes é semelhante a sensação de estar em um liquidificador. O estado em que os corpos das vítimas fatais foram encontrados impressiona e mostra a violência da lama de rejeitos de minério:

> Nada expressa de forma mais chocante a violência da Lama quanto o estado em que os corpos foram achados, muitos deles mutilados, com múltiplas lesões e fraturas, e sem os cabelos. Quase todos tiveram as roupas arrancadas [...] e foram encontrados quase que mimetizadas a massa do rejeito. Uma das vítimas teve partes encontradas em três locais diferentes, separados por até 90 Km. Outra teve apenas o braço direito recuperado. [...] As causas das mortes foram asfixia mecânica, o soterramento, politraumatismo contuso e afogamento (SERRA, 2018 p. 125-126).[(102)]
>
> Tal passagem reforça a proporção dos danos estéticos que alguns sobreviventes experimentaram. Talita Cristina de Oliveira, de 16 anos, vítima da barragem B-I em Brumadinho, foi resgatada de helicóptero, sendo um dos resgates mais emblemáticos já registrado. Talita passou por 04 (quatro) cirurgias no quadril e no fêmur, caminha com o auxílio de um andador e está fazendo fisioterapia. Sua irmã Alessandra, que perdeu a filha na tragédia, sofreu uma infecção na parte óssea do rosto (PIMENTEL, 2019).[(103)]

A evolução da responsabilidade clássica contratual, para subjetiva e depois para a objetiva, ligou-se diretamente às Revoluções Industriais e aos acidentes de trabalho com empregados, devido à quase impossibilidade de prova por parte dos empregados da culpa do empregador. Surgiu daí a responsabilidade objetiva pautada *na teoria do risco e no proveito econômico da atividade produtiva que deve ser assumida por quem aufere seus correlatos lucros*. No Brasil, antes mesmo da cláusula geral (aberta) do art. 927, parágrafo único, do CC, já havia diversas outras previsões legais (porém, específicas) com adoção explícita da teoria da responsabilidade civil objetiva:

> O Código Civil de 1916 não considerava a responsabilidade objetiva decorrente do risco. No Brasil, o Decreto n. 2.681/12 dispôs no art. 26,

(102) MELLO, Roberta Salvático Vaz. *A reparação e compensação dos danos existenciais e a função precaucional preventiva da responsabilidade civil:* uma análise a partir das tragédias de Mariana e de Brumadinho. 2021. Tese (Doutorado em Direito) – Faculdade de Direito, Universidade Federal de Minas Gerais, Belo Horizonte, 2021. p. 82–83.

(103) PIMENTEL *apud* MELLO, Roberta Salvático Vaz. *A reparação e compensação dos danos existenciais e a função precaucional preventiva da responsabilidade civil:* uma análise a partir das tragédias de Mariana e de Brumadinho. 2021. Tese (Doutorado em Direito) – Faculdade de Direito, Universidade Federal de Minas Gerais, Belo Horizonte, 2021. p. 102.

em relação as estradas de ferro, que havia o dever de as empresas ressarcirem aos donos de terras situadas nas margens das linhas férreas, os prejuízos decorrentes da utilização das referidas linhas, sem fazer qualquer menção a culpa. Esta foi uma das diversas leis especiais que foram criadas na época do antigo Código Civil para tratar dos casos de responsabilidade objetiva (SANSEVERINO, 2015):

> Além do Decreto n. 2.681/1912 (art. 26), podem ser apontadas, atualmente, algumas hipóteses de responsabilidade objetiva previstas por leis especiais, como: a) Lei n. 8.213/91 (acidente de trabalho – teoria do risco integral); b) Leis ns. 6.194/74 e 8.441/92 (seguro obrigatório de veículos — DPVAT — teoria do risco integral); c) Lei n. 6.453/77 e CF, art. 21, XXIII, letra *"c"* (dano nuclear); d) Lei n. 6.938/81 (dano ambiental, art, 14, § 1º); e) Lei n. 7565/86 (Código Brasileiro do Ar — arts. 268 e 269 — terceiros na superfície); f) Lei n. 8.078/90 (Código de Defesa do Consumidor — arts. 12 e 14); g) Lei n. 8.935/94 (serviços notariais e registrais — art. 22 — teoria do risco da atividade); h) Constituição Federal de 1988 (art. 37, § 6º — responsabilidade do Estado — teoria do risco administrativo — instituída na Constituição Federal de 1946). O Código Civil de 2002 foi além dessa orientação, pois, embora mantendo a responsabilidade civil subjetiva, em seu art. 186, estatuiu, em seu parágrafo único do art. 927, a inovadora cláusula geral de risco, consagrando de forma ampla a responsabilidade objetiva (SANSEVERINO, 2015, p. 355).(104)

Nessa linha vale ressaltar que a responsabilidade por danos ambientais, muito antes do disposto no art. 927, parágrafo único, do CC de 2002, já era objetiva; o art. 14, § 1º, da Lei n. 6.938, de 31.08.1981,(105) já previa a responsabilidade sem culpa do poluidor.

(104) *Ibidem*, p. 105, 108.

(105) "Art. 14 – Sem prejuízo das penalidades definidas pela legislação federal, estadual e municipal, o não cumprimento das medidas necessárias à preservação ou correção dos inconvenientes e danos causados pela degradação da qualidade ambiental sujeitará os transgressores: [...] § 1º Sem obstar a aplicação das penalidades previstas neste artigo, *é o poluidor obrigado, independentemente da existência de culpa*, a indenizar ou reparar os danos causados ao meio ambiente e a terceiros, afetados por sua atividade. O Ministério Público da União e dos Estados terá legitimidade para propor ação de responsabilidade civil e criminal, por danos causados ao meio ambiente." (BRASIL. *Lei n. 6.938, de 31 de agosto de 1981*. Dispõe sobre a Política Nacional do Meio Ambiente, seus fins e mecanismos de formulação e aplicação, e dá outras providências. Brasília, DF: Presidência da República, 1981. Grifos nossos)

Poli[106] preceitua que a teoria do risco só deve ser utilizada para as atividades *potencialmente perigosas*, ou seja, que oferecem perigo evidente, como é o caso daquelas ligadas à mineração, identificando-se claramente que nessa visão a ênfase se deslocou da conduta do autor (que não é a mais importante) para a preservação da vítima.

Conforme discorre Schreiber:

> Na esteira das obras de Saleilles e Josserand, a culpa tornou-se objeto do que já foi referido como "o mais intenso dos ataques doutrinários que talvez se tenha registrado na evolução de um instituto jurídico". Por toda parte, autores notáveis filiaram-se à ideia de uma responsabilidade objetiva, fundada na teoria do risco, e não menos notáveis foram os autores que se ergueram em defesa da culpa. Como fruto deste profícuo debate, a responsabilidade objetiva veio a ser adotada em quase todos os ordenamentos jurídicos, por meio de leis especiais, aplicáveis a setores específicos, relacionados aos anseios sociais mais graves no campo da responsabilidade civil.[107]

Na teoria do risco integral, há uma mudança interessante relativa à teoria clássica, porque nem sequer é necessária a comprovação de nexo de causalidade, bastando apenas a comprovação do dano, ou seja, do prejuízo (ou mesmo da ameaça do dano). Entre as teorias do risco, além do risco integral, há várias outras: risco profissional, risco proveito e risco criado, e ainda o risco excepcional, que preceitua que haverá o dever de indenizar quando o prejuízo originar de determinada atividade não habitual da vítima.

Relativamente às atividades exercidas pelas pessoas jurídicas de direito pública ou mesmo privadas, mas que prestam serviço público[108], o art. 37, §§ 6º e 8º, da CF/88, adotou a responsabilidade objetiva relativamente aos atos de seus agentes que, nesta qualidade, causam prejuízos a terceiros, com direito de regresso contra o responsável nos casos de dolo, ou culpa.[109]

---

(106) POLI, Leonardo Macedo. Ato Ilícito. In: FIUZA, César; GODINHO, Adriano Marteleto (Orgs.). *Curso avançado de direito civil*. 2. ed. Rio de Janeiro: Forense, 2009. p. 569-586.

(107) SCHREIBER, Anderson. *Novos paradigmas da responsabilidade civil:* da erosão dos filtros da reparação à diluição dos danos. 6. ed. São Paulo: Atlas, 2015. p. 19.

(108) MELLO, Roberta Salvático Vaz de. *As tragédias de Mariana e Brumadinho:* danos existenciais e responsabilidade civil. Belo Horizonte: Expert, 2022. p. 104-105.

(109) Tema 940 do STF: "Responsabilidade civil subjetiva do agente público por danos causados a terceiros, no exercício de atividade pública: "a teor do disposto no art. 37, § 6º, da Constituição Federal,

Além dos danos clássicos (danos patrimoniais lucros cessantes e danos emergentes e perda de uma chance — considerado por parte da doutrina e dos danos extrapatrimoniais (morais, estéticos, imagem e existencial), há também os danos difusos (ou sociais), os coletivos e individuais homogêneos, conforme dispõem o art. 5º da Lei da Ação Civil Pública (LACP), e o art. 81 do CPC. Todos os danos aqui mencionados foram perpetrados pela CRVD no ecogenocídio de Brumadinho, porque, conforme ressaltado anteriormente, ocorreu a contaminação não só local, atingindo o Rio Doce, mas também o Rio Paraopeba, chegando até o Oceano Atlântico; todo o ecossistema foi atingido, e em grande escala, pelo rompimento das barragens de rejeitos de minério e do Rio Doce.

Houve danos difusos (sujeitos lesados não identificáveis, lesão a direitos indivisíveis, lesão continuada, no caso ao meio ambiente em geral, art. 81, I, do CPC); danos coletivos (os sujeitos lesados têm direitos indivisíveis, mas passíveis de identificação, no caso, os trabalhadores e *o meio ambiente do trabalho*, conforme o art. 7, XXII, e art. 200, VIII, da CF/88; e art. 81, II, do Código de Defesa do Consumidor – CDC); danos individuais homogêneos (derivados de um núcleo comum, mas divisíveis, identificados de plano e não continuativo, passíveis de identificação, consoante o art. 81, III, do CPC); além dos danos heterogêneos. Há também a possibilidade de indenização de danos morais coletivos (direitos de personalidade de caráter coletivo).

Os danos difusos ocorreram no ecogenocídio de Brumadinho, conforme o Instituto Mineiro de Gestão das Águas (IGAM)[(110)], a Fundação Estadual do

---

a ação por danos causados por agente público deve ser ajuizada contra o Estado ou a pessoa jurídica de direito privado prestadora de serviço público, sendo parte ilegítima para a ação o autor do ato, assegurado o direito de regresso contra o responsável nos casos de dolo ou culpa". (BRASIL. Supremo Tribunal Federal. *Tema 940* – Responsabilidade civil subjetiva do agente público por danos causados a terceiros, no exercício de atividade pública. Brasília, 6 dez. 2019)

(110) "O Sistema Estadual de Meio Ambiente e Recursos Hídricos (Sisema), por meio do Instituto Mineiro de Gestão das Águas (Igam) e da Fundação Estadual do Meio Ambiente (Feam), notificou, nesta terça-feira (18/1), a mineradora Vale para adoção de medidas em áreas impactadas pelas últimas chuvas, próximas ao Rio Paraopeba. A empresa terá que iniciar as atividades listadas de forma imediata e apresentar um plano de ação em cinco dias.

O ofício foi feito após um aumento significativo no nível e vazão do rio Paraopeba, provocado pelas chuvas ocorridas nos meses de dezembro de 2021 e janeiro deste ano. Isso acabou provocando alagamento nas margens e várzeas ao longo do rio, atingindo diversos municípios.

'No âmbito do Plano de Recuperação da Bacia do Paraopeba as ações de monitoramento dos impactos das enchentes estão contempladas nos impactos a serem mensurados e recuperados pela Vale. A mancha referente ao período de cheias anterior (2019-2020) já foi elaborada pela empresa e a do período atual deverá ser elaborada e validada pelo órgão ambiental, considerando que se trata ainda de impactos secundários do rompimento da barragem B-I', afirma Renato." (ESTADO notifica Vale para adoção de medidas em áreas impactadas do Rio Paraopeba. *Igam*, Banco de Notícias, 18 jan. 2022)

Meio Ambiente (FEAM)[111], o Sistema Estadual de Meio Ambiente e Recursos Hídricos (SISEMA) e o Instituto Estadual de Florestas (IEF), que afirmam haver ainda grande impacto ambiental da tragédia, tal como grande concentração de metais pesados nas águas do Rio Paraopeba e do Rio Doce, prejudicando o seu consumo humano e animal, a pesca e demais atividades em algumas cidades. Nesse sentido:

> Observou-se que os metais ferro e o manganês nas águas superficiais destacam-se como os metais traçadores da chegada dos rejeitos, e apesar de apresentarem quedas em relação a mediana e aos valores máximos entre 2019 e 2021, ainda é evidente que, entre o trecho localizado logo após a confluência com o ribeirão Ferro Carvão até a montante Retiro Baixo, apresentem valores discrepantes com os demais trechos, não impactados. O alumínio apresentou um padrão de comportamento distinto dos metais supracitados, apresentou queda nas estações localizadas mais próximas ao local do rompimento das barragens da Vale, seguido de um aumento gradual até a montante de Retiro Baixo. Além disso, não foi registrada redução dos valores de alumínio ao longo dos anos subsequentes ao rompimento, 2020 e 2021...
>
> O Igam reforça que ainda se mantêm a recomendação de não utilização da água bruta do rio Paraopeba para qualquer fim, como medida preventiva, no trecho que abrange os municípios de Brumadinho até o limite da UHE de Retiro Baixo em Pompéu (aproximadamente 250 km de distância do rompimento). O uso da água nos trechos que estão antes do município de Brumadinho (antes do trecho afetado pelo rompimento) e depois da UHE Retiro

(111) "De forma geral, após três anos de monitoramento, observou-se que o ano de 2019 foi o de maior impacto sobre a qualidade das águas do rio Paraopeba, quando foram sentidos os efeitos imediatos da passagem dos rejeitos. Uma redução gradual dos valores dos parâmetros associados ao desastre foi observada ao longo desse período. Contudo, nos períodos chuvosos de 2020 e 2021 foram observadas elevações nos valores de turbidez e nas concentrações dos principais parâmetros, mas com valores inferiores àqueles observados no ano de 2019." (IGAM — INSTITUTO MINEIRO DE GESTÃO DAS ÁGUAS. *Avaliação da qualidade das águas e sedimentos do Rio Paraopeba*: acompanhamento da qualidade das águas do Rio Paraopeba após 3 anos do rompimento da barragem da Mina Córrego Feijão da Mineradora Vale/SA – Brumadinho/MG / Instituto Mineiro de Gestão das Águas. Belo Horizonte: Igam, 2022.)

> Baixo, estão liberados para os mais diversos fins e não existe nenhuma restrição pelos órgãos públicos.(112)

Sobre os danos coletivos, houve culpa gravíssima da Vale S/A (de toda forma, prescindível, até porque sua responsabilidade é objetiva) que descumpriu as mais diversas normativas, concernentes tanto ao meio ambiente comum, quanto ao meio ambiente do trabalho. Informe-se, por exemplo, que ela nunca teve um plano de emergência específico para a Mina Córrego do Feijão; que seus empregados, terceirizados e moradores da área de autossalvamento nunca participaram de um simulado do Plano de Ação de Emergência para Barragens de Mineração (PAEBM), referente ao possível rompimento da barragem B-1, conforme apuração feita pelos Auditores Fiscais do Trabalho (AFTs) da SRTE/MG. Restou provado que, em 2019, no local e dia do ecogenocídio, laboravam mais de 600 empregados, e que dos 272 óbitos, *250 eram trabalhadores,* sendo 131 empregados da própria Vale S/A e 119 terceirizados(113), ou seja, *91,91% dos mortos eram trabalhadores.* Além disso, morreram 20 pessoas da comunidade de Brumadinho que estavam em uma pousada da região, a Nova Estância.

Tanto os direitos patrimoniais, materiais, quanto os extrapatrimoniais têm caráter de proteção preventiva, inibitória, reparatória, ressarcitória ou compensatória (o princípio é a *restitutio in integrum*) e punitivo-pedagógica (*punitive damages*), que deveriam ser um "plus" às indenizações por danos morais. Esta função preventiva da responsabilidade civil é de capital importância para a análise da tragédia de Brumadinho. Nesse sentido disserta Roberta Vaz de Mello:

> Ademais, uma das funções da responsabilidade civil que será tratada neste trabalho é a precaucional — preventiva, fundada no risco do dano, e o nexo de causalidade teria relação com tal função: As possibilidades de que a responsabilidade civil possa desempenhar uma

---

(112) IGAM — INSTITUTO MINEIRO DE GESTÃO DAS ÁGUAS. *Avaliação da qualidade das águas e sedimentos do Rio Paraopeba:* acompanhamento da qualidade das águas do Rio Paraopeba após 3 anos do rompimento da barragem da Mina Córrego Feijão da Mineradora Vale/SA – Brumadinho/MG / Instituto Mineiro de Gestão das Águas. Belo Horizonte: Igam, 2022.

(113) "EMENTA: **"AGRAVO DE PETIÇÃO. HONORÁRIOS ASSISTENCIAIS CONTRATUAIS. INCOMPETÊNCIA.** Esta Especializada carece de competência para dirimir questões relativa aos honorários assistenciais contratuais decorrentes de contrato de prestação de serviços jurídicos, sem qualquer pertinência com relação de trabalho. Inteligência da Súmula n. 363 do STJ." (BRASIL. Tribunal Regional do Trabalho da 3ª Região (11ª Turma). *Agravo de Petição na Ação Civil Pública Cível n. 0010261-67.2019.5.03.0028*. Agravantes: Sindicato dos Trabalhadores nas Indústrias da Construção Pesada de Minas Gerais, Advocacia Garcez. Agravada: Vale S/A, relator: Leonardo Passos Ferreira. Belo Horizonte, 8 fev. 2023)

> função preventiva estão diretamente relacionadas com a percepção que os agentes potencialmente causadores de ano possam ter sobre futuros "acidentes".
>
> Neste sentido, o tratamento que o Direito empresta ao nexo de causalidade é determinante na maneira como (racionalmente) os indivíduos se comportarão quanto a atividades de precaução, independentemente do regime de responsabilidade adequado (subjetivo ou objetivo), muito embora que claro que, em um regime de responsabilidade subjetiva, o meio mais óbvio de tratar este problema seja pela análise da culpa (SANTOLIM, 2014, p. 95).[114]

Além dos danos diretos, há também os danos indiretos, reflexos, ou em ricochete, que não acometem além da vítima, sendo capazes de atingir bem jurídico de terceiros, mas desde que tenham estreita relação com a vítima. O dano reflexo pode ocorrer relativamente a terceiros com vínculo familiar, ou de convivência com a vítima quando esta é lesionada, mas permanece viva, ou quando ela morre. Nesse sentido o entendimento de Diuana:

> Em linha de princípio, tem-se por dano moral reflexo, indireto ou em ricochete aquele que atinge direito personalíssimo de um indivíduo sem que a conduta do agente causador do dano tenha sido direcionada àquele, mas a pessoa com quem tenha uma relação de afeto por vínculo familiar ou de convivência.
>
> Surgem, então, os legítimos questionamentos acerca da possibilidade de se reconhecer o direito à indenização pelo dano moral reflexo a vítimas indiretas do evento danoso e a legitimidade para requerê-lo, ou seja, se existe a limitação subjetiva ativa, bem como se é possível a coexistência de indenização entre as vítimas do dano direto e do dano indireto, e se existe diferença entre o instituto do dano moral indireto e a possibilidade de transmissibilidade do dano moral direto.[115]

---

(114) MELLO, Roberta Salvático Vaz. *A reparação e compensação dos danos existenciais e a função precaucional preventiva da responsabilidade civil:* uma análise a partir das tragédias de Mariana e de Brumadinho. 2021. Tese (Doutorado em Direito) – Faculdade de Direito, Universidade Federal de Minas Gerais, Belo Horizonte, 2021. p. 90-91.

(115) DIUANA, Rosana Batista Rabello Brisolla. Dano moral reflexo: a legitimação frente ao cenário constitucional. *Revista da EMERJ*, Rio de Janeiro, v. 13, n. 49, p. 276-301, 2010. p. 278.

> Ainda sobre o dano moral indireto, reflexo, em ricochete, além do exemplo óbvio do homicídio de um filho que causa ofensa moral (dor, sofrimento, angústia) aos pais, pode também ocorrer indenização pela perda do investimento feito no filho em educação, saúde etc. (cumulação com dano patrimonial) e quando, sobretudo, ele contribuía para a economia familiar, conforme dispõe a Súmula n. 491 do STF[(116)].

Sobre dano moral indireto, as reflexões e o entendimento de Mello:

> Como assegurar os direitos do homem, sem uma efetiva proteção dos únicos direitos capazes de compor a sua personalidade e lhe assegurar o mínimo de dignidade e realização pessoal? Se permitimos que uma lesão à moral humana fique sem a devida reparação, por conta de demandas sem fundamento ou pelo fato da indenização ser fixada pelo juiz, atuaremos contra o direito e o sentimento de injustiça reinará, o que não é mais compatível com o estágio atual da sociedade. Neste contexto, reconhece-se a plena possibilidade da existência de um dano moral reflexo ou indireto, visto que haverá casos em que um evento danoso envolvendo determinada pessoa surtirá efeitos em outras pessoas, e igualmente afrontar os direitos da personalidade destas, logo, as vítimas indiretas do evento teriam um interesse de buscar em juízo a compensação do seu bem jurídico violado-legitimidade para reclamar direito próprio, decorrente de dano que se originou concomitantemente e em decorrência de dano da vítima direta. Entende-se, então por dano moral reflexo, indireto ou em ricochete aquele que atinge direito personalíssimo de um indivíduo sem que conduta do agente causador do dano tenha sido diretamente direcionada àquele, mas a pessoa com quem tenha uma relação de afeto seja por vínculo familiar ou de convivência, independentemente da existência de vínculo econômico, lhe sendo conferido o direto de pleitear a devida reparação.
>
> Por óbvio, se o dano moral encontrou muita resistência no seu reconhecimento, mais ainda a sua feição reflexa.[(117)]

---

(116) BRASIL. Supremo Tribunal Federal. *Súmula n. 491*. É indenizável o acidente que cause a morte de filho menor, ainda que não exerça trabalho remunerado. Brasília, DF: Supremo Tribunal Federal, 1969.

(117) MELLO, Roberta Salvático Vaz. *A reparação e compensação dos danos existenciais e a função precaucional preventiva da responsabilidade civil:* uma análise a partir das tragédias de Mariana e de Brumadinho. 2021. Tese (Doutorado em Direito) – Faculdade de Direito, Universidade Federal de Minas Gerais, Belo Horizonte, 2021. p. 136-137.

No que diz respeito a quem tem legitimidade para pleitear danos morais reflexos, na falta de dispositivo legal específico, têm sido usados o art. 12, o parágrafo único do art. 20 e o art. 948, II, todos do CC:

> Art. 12. Pode-se exigir que cesse a ameaça, ou a lesão, a direito da personalidade, e reclamar perdas e danos, sem prejuízo de outras sanções previstas em lei.
>
> Parágrafo único. Em se tratando de morto, terá legitimação para requerer a medida prevista neste artigo o cônjuge sobrevivente, ou qualquer parente em linha reta, ou colateral até o quarto grau.
>
> Art. 20. Salvo se autorizadas, ou se necessárias à administração da justiça ou à manutenção da ordem pública, a divulgação de escritos, a transmissão da palavra, ou a publicação, a exposição ou a utilização da imagem de uma pessoa poderão ser proibidas, a seu requerimento e sem prejuízo da indenização que couber, se lhe atingirem a honra, a boa fama ou a respeitabilidade, ou se se destinarem a fins comerciais.
>
> Parágrafo único. Em se tratando de morto ou de ausente, são partes legítimas para requerer essa proteção o cônjuge, os ascendentes ou os descendentes.
>
> Art. 948. No caso de homicídio, a indenização consiste, sem excluir outras reparações: [...] II – na prestação *de alimentos às pessoas a quem o morto os devia,* levando-se em conta a duração provável da vida da vítima.[118]

Já no entendimento de Pereira: "[...] todas essas situações podem ser enfeixadas numa fórmula global ou num princípio genérico: têm legitimidade ativa para a ação indenizatória as pessoas prejudicadas pelo ato danoso".[119]

Explicando melhor, Diuana complementa:

> Muitas vezes, mesmo sem parentesco civil, pode a pessoa ser fortemente abalada pela lesão a um ente querido como o filho de criação, o noivo, o companheiro etc. em outras circunstâncias, uma parente, mesmo em grau próximo, pode não manter qualquer tipo de convivência ou afetividade com a vítima do dano; pode até mesmo ignorar lhe a existência ou ser seu desafeto. É claro que, em semelhante conjuntura não haverá lugar para pleitear reparação por dano moral reflexo.[120]

---

(118) BRASIL. *Lei n. 10.406, de 10 de janeiro de 2022*. Institui o Código Civil. Brasília, DF: Presidência da República, 2002.

(119) PEREIRA, Caio Mário da Silva. *Instituições de direito civil:* vol. 3: Contratos. 15. ed. rev. e atual. Rio de Janeiro: Forense, 2003. p. 241.

(120) DIUANA, Rosana Batista Rabello Brisolla. Dano moral reflexo: a legitimação frente ao cenário constitucional. *Revista da EMERJ*, Rio de Janeiro, v. 13, n. 49, p. 276-301, 2010. p. 296-297.

Como já descrito, o ecogenocídio da Vale S/A provocou 272 homicídios, sendo que 91,91% eram de trabalhadores. O problema é que a Reforma Trabalhista, Lei n. 13.467/2017, que alterou o art. 223- A da CLT(121), não só tinha precificado(122) o dano extrapatrimonial a valores no máximo 50 vezes o último salário do ofendido (no caso de reincidência, 100 vezes), valores estes que no caso de Brumadinho seriam baixos porque tinham como base de cálculo o último salário contratual do empregado; mas também *tinha excluído o dano em ricochete relativamente aos parentes ou pessoas com vínculos com os trabalhadores.* Nesse sentido as observações e reflexões de Leonardo Poli e Taissa M. Macena de Lima:

> Imagine-se a situação gerada pelo rompimento da Barragem do Córrego do Feijão em Brumadinho, desastre ambiental e maior acidente do trabalho em território brasileiro. São imensuráveis os danos ambientais e os danos à pessoa humana. Todavia, caso prevaleça a dualidade de regimes jurídicos de responsabilização pelos danos em ricochete, as pessoas atingidas por via reflexa apenas terão direito a reparação civil por dano moral apenas se a vítima direta do dano (pessoa falecida em razão do rompimento da barragem) *não era empregado ou trabalhador terceirizado da Vale S.A.*

---

(121) Está *sub judice* no STF a Ação Direta de Inconstitucionalidade ADI 6050/DF, com petição inicial de 19.12.2018. "Decisão: Após o voto do Ministro Gilmar Mendes (Relator), que conhecia das ADI 6.050, 6.069 e 6.082 e julgava parcialmente procedentes os pedidos formulados, para conferir interpretação conforme a Constituição, de modo a estabelecer que: *1) As redações conferidas aos art. 223-A e 223-B, da CLT, não excluem o direito à reparação por dano moral indireto ou dano em ricochete no âmbito das relações de trabalho, a ser apreciado nos termos da legislação civil;* 2) Os critérios de quantificação de reparação por danos extrapatrimonial previstos no art. 223-G, *caput* e § 1º, da CLT deverão ser observados pelo julgador como critérios orientativos de fundamentação da decisão judicial. É constitucional, porém, o arbitramento judicial do dano em valores superiores aos limites máximos dispostos nos incisos I a IV do § 1º do art. 223-G, quando consideradas as circunstâncias do caso concreto e os princípios da razoabilidade, da proporcionalidade e da igualdade, pediu vista dos autos o Ministro Nunes Marques. Ausente, justificadamente, o Ministro Luiz Fux (Presidente), impedido neste julgamento. Presidiu o julgamento a Ministra Rosa Weber (Vice-Presidente). Plenário, 27.10.2021 (Sessão realizada por videoconferência — Resolução 672/2020/STF)." (BRASIL Supremo Tribunal Federal. *Decisão na Ação Direta de Inconstitucionalidade n. 6050/DF.* Requerente: Associação Nacional dos Magistrados do Trabalho. Intimado: Presidente da República. Relator: Ministro Gilmar Mendes. Brasília, 27 out. 2021. Grifos nossos)

(122) Apenas em 27.03.2023, o STF julgou a ADI 6050, de autoria da Associação dos Magistrados da Justiça do Trabalho (Anamatra); a ADI 6069, do Conselho Federal da Ordem dos Advogados do Brasil (OAB); e a ADI 6082, da Confederação Nacional dos Trabalhadores na Indústria (CNTI), considerando inconstitucional a exclusão do art. 223-B da CLT do dano em ricochete e considerando os valores tarifários do art. 223-G, § 1º,da CLT, como critérios interpretativos, avaliáveis caso a caso, mas que não podem prever valores máximos. (TABELAMENTO de dano moral na CLT não é teto para indenizações, decide STF. *Portal STF*, Notícias, 27 jun. 2023)

A Lei n. 13.467/2017, em relação aos danos extrapatrimoniais é uma tentativa de frear a chamada indústria do dano moral. Há situações extremamente relevantes, e que merecem a tutela do judiciário; enquanto há aventuras jurídicas, ações de reparação de danos em que não há, efetivamente, qualquer dano extrapatrimonial violado.

Mas, falar-se em enriquecimento das vítimas seria um tanto exagerado, já que a maior parte das indenizações não são fixadas em valores milionários, mas na realidade, muito aquém do que aquilo que seria justo. (POLI; LIMA, 2019)

Ademais:

Inquestionavelmente, a Reforma Trabalhista é hostil à reparação por danos de natureza extrapatrimonial. Isto se revela em muitas opções questionáveis feitas pelo legislador:

a) a vedação do diálogo das fontes:

b) a tarifação do dano extrapatrimonial com base no salário contratual do trabalhador ofendido;

c) a limitação das pretensões indenizatórias à ofensa dos bens jurídicos da pessoa natural mencionados no art. 223-C, da CLT;

d) a limitação da reparabilidade à ofensa dos bens jurídicos da pessoa jurídica mencionados no art. 223-C, da CLT;

e) a proibição do pagamento de duas indenizações por dano extrapatrimonial em razão do mesmo fato, e

f) o afastamento da reparação do dano reflexo ou em ricochete...

Assim, enquanto o sistema geral de responsabilidade civil se modifica e há a ampliação dos casos em que é possível a reparação, com a erosão de alguns filtros como a culpa e o nexo de causalidade; em relação a seara trabalhista há um afunilamento, *restringindo a reparação dos danos extrapatrimoniais apenas aos atingidos diretamente pelos danos*. Tal posicionamento contraria a Constituição da República, já que:

[...] a cláusula geral de proteção à dignidade humana, prevista no inciso III do art. 1º da CR 88, exige que a reparação moral não seja limitada por construções doutrinárias ou políticas legislativas, mas

> ampare, efetivamente, a pessoa humana em toda sua extensão ontológica e axiológica.
>
> Tendo em vista a complexidade da personalidade humana, a descrição das faculdades reconhecidas não pode ter uma função limitativa, mas, apenas, exemplificativa. Isto porque as necessidades humanas são pré-normativas.(123)

Segundo Rosenvald(124), a responsabilidade civil está imbuída de pelo menos três grandes grupos de funções: funções reparatórias (compensatórias, ou indenizatórias, *restitutio in integrum*); funções punitivas (*punitive damages*, com gênese no Direito americano e muito aplicadas no Brasil), criticadas por Schreiber(125) por cumularem penas cíveis e de Direito Penal, com caráter de sanção) e funções precaucionais (preventivas ou inibitórias).

Por isso, a limitação do dano extrapatrimonial operada pela Lei n. 13.467/2007 acabou por restringir, e muito, tanto as funções reparatórias do dano, a aplicação da Teoria da Reparação Integral pelos danos causados, quanto, notadamente, *as funções inibitórias e pedagógicas da reparação civil.* Repise-se que dos 272 homicídios 250 foram de trabalhadores, ou seja, *91.91% das vítimas mortais do ecogenocídio eram trabalhadores da Vale S/A,* pelo que a empresa não foi minimamente atingida pela função inibitória da reparação dos danos causados.

Ressalte-se que a Lei n. 13.467/2007 foi publicada em 13.07.2017, e entrou em vigência em 13.01.2018, ou seja, *1 (um) ano antes do ecogenocídio da Vale S/A,* que ocorreu em 25.01.2019, já devendo ser de conhecimento da Vale S/A o aspecto do rebaixamento das indenizações por morte de empregados.

Esta breve incursão nas responsabilidades por mortes realizada neste capítulo teve como propósito demonstrar que, sob o ponto de vista econômico, foi vantajoso para a Vale S/A correr o risco do desabamento da barragem B1, que vitimou 91,91% de trabalhadores, porque há um desconcertante descompasso da abrangência das reponsabilidades civil e trabalhista; enquanto esta tem sido ampliada, aquela tem sido reduzida, minando a função inibitória, pedagógica da responsabilidade civil.

---

(123) POLI, Leonardo Macedo; LIMA, Taisa Maria Macena de. A reparação do dano extrapatrimonial em ricochete: uma questão de princípios. *Caderno de Relações Internacionais*, v. 12, n. 22, p. 253-283, jan./jun. 2021. p. 255, 257, 260. Grifos nossos.

(124) ROSENVALD, Nelson. Por uma tipologia aberta dos danos extrapatrimoniais. *Migalhas*, Migalhas de Responsabilidade Civil, 23 abr. 2020.

(125) SCHREIBER, Anderson. *Novos paradigmas da responsabilidade civil:* da erosão dos filtros da reparação à diluição dos danos. 6. ed. São Paulo: Atlas, 2015. p. 211-212.

Capítulo 3

Processos Coletivos e Ecogenocídio

Neste capítulo serão analisados os processos coletivos dos Ministérios Públicos, Federal e do Estado de Minas Gerais, em face do ecogenocídio de 2019, bem como as Tutelas Inibitórias diante do princípio ambiental prevencionista e as Medidas Cautelares inibitórias a outros ecogenocídios em MG, como o de Brumadinho. Os processos do Ministério Público do Trabalho em face do ecogenocídio serão vistos de forma perfunctória porque como esta pesquisadora é Procuradora Regional do Trabalho entende-se que lhe faltaria o necessário afastamento necessário à pesquisa científica e para não se incorrer em um caráter panfletário.

Inicialmente, merece ser clarificado que esta pesquisa encontrou dificuldades porque várias das ações judiciais dos Ministérios Públicos contra a Vale S/A ou estão em sigilo de Justiça, ou, embora não estejam, contêm peças importantes que estão em sigilo (perícias e Relatórios da Polícia Federal, que, segundo seu site, foram entregues ao MPF[126], entre outros documentos). Estas provas provavelmente, conforme a imprensa[127], devem estar nos processos judiciais, tais como a Ação Civil Pública n. 5044954-73.2019.8.13.0024, por danos ambientais, tendo como autores o Estado de Minas Gerais, o MPE-MG e o DPE-MG, e como ré a Vale S/A; assim como a Ação Civil Pública n. 0010261-67.2019.5.03.0028, entre outras, sendo que cabe, por óbvio, pedido de vista dos terceiros interessados.

---

(126) "A Polícia Federal apurou neste segundo inquérito a prática de diversos crimes ambientais de poluição e contra a fauna terrestre e aquática, a flora, os recursos hídricos, unidades de conservação e sítios arqueológicos, além de um quarto crime de apresentação de declaração falsa perante a ANM. Foram indiciadas pela prática destes crimes ambientais as empresas VALE S/A, responsável pela barragem, e a empresa TÜV SÜD, responsável por fazer a auditoria da estrutura, além de 19 pessoas físicas que trabalhavam para as empresas como consultores, engenheiros, gerentes e diretores.

As pessoas físicas também foram indiciadas pela prática de crime de homicídio doloso (dolo eventual) duplamente qualificado pelo emprego de meio que resultou em perigo comum e de recurso que dificultou ou tornou impossível a defesa do ofendido (por 270 vezes, em concurso formal).

O inquérito policial relatado segue agora para o Ministério Público Federal, para análise e adoção das medidas de sua atribuição." (NOTA à imprensa — PF conclui inquérito sobre o rompimento da barragem da Vale em Brumadinho. *Gov.br*, Polícia Federal, Notícias, 31 out. 2021)

(127) PODER 360. Relatório da PF sobre Brumadinho continua em sigilo após 4 anos. *Poder 360*, 25 jan. 2023.

Este trabalho analisou os processos cíveis coletivos ajuizados pelo Estado de Minas Gerais, pelo Ministério Público Federal (MPF), Ministério Público Estadual (MPE/MG), Defensoria Pública Estadual (DPU/MG) em face da CRVD, os quais acabaram firmando o acordo judicial no Processo de Mediação SEI n. 0122201-59.2020.8.13.0000, assinado em 04/02/2021, perante o Tribunal de Justiça do Estado de Minas Gerais (TJMG), que englobou os processos ns. 501070936.2019.8.13.0024, 502640867.2019.813.0024, 5044954-73.2019.8.13.0024 e 5087481-40.2019.8.13.0024.

Dentre as ações judiciais decorrentes dos danos em virtude do rompimento da barragem B-I, destacam-se o proc. n. 5010709-36.2019.8.13.0024, de Tutela Antecipada Antecedente, sendo autores o Estado de Minas Gerais, a Defensoria Pública do Estado de Minas Gerais (DPE-MG) e o MPE-MG, e ré a Vale S/A; o proc. n. 5026408-67.2019.8.13.0024, Ação Civil Pública (decorrente da tutela antecipada antecedente), tendo como autores o Estado de Minas Gerais, a DPE--MG e o MPE-MG, e ré a Vale S/A, ajuizada na 6ª Vara da Fazenda Pública Estadual, sendo celebrado o acordo (parcial) homologado, a seguir apresentado:

> A Vale requereu que se constasse que as partes atingidas podem atuar para solucionar individualmente qualquer interesse individual atingido independente desta ação. A Defensoria requereu que se constasse que tudo foi ajustado respeitada a autonomia da vontade de cada pessoa.
>
> A Vale requereu que permanecesse depositado em juízo o valor de R$500.000.000,00 (quinhentos milhões) que serão sempre e imediatamente recompostos pela empresa em caso de utilização dos valores sendo que os demais R$500.000.000,00 (quinhentos milhões) serão substituídos por garantias com liquidez corrente (CDB à disposição do Estado de Minas Gerais e vinculada a este Juízo), o que foi deferido pelo juiz com a concordância de todas as partes.
>
> O Estado de Minas Gerais requereu reavaliação das medidas de urgência requeridas para apreciação, se necessário, juntamente com a vinda da petição inicial, o que foi deferido pelo juiz.
>
> A Vale se compromete a requerer a desistência do agravo quanto à substituição das garantias e requererá a suspensão restante do agravo por 30 (trinta) dias.
>
> A Vale concorda com o pagamento das multas administrativas estaduais, que totalizam, aproximadamente, R$99.000.000,00 (noventa e nove milhões de reais), decorrentes do processo n. AI211251/2019 e os pagamentos serão feitos diretamente para a SEMAD, em dinheiro, no prazo de 10 (dez) dias úteis, a contar da emissão da guia. A Vale, neste ato, desiste dos recursos administrativos interpostos em relação a tal processo, referentes às multas administrativas estaduais, que totalizam, aproximadamente, R$99.000.000,00 (noventa e nove milhões de reais).
>
> Em seguida pelo MM Juiz foi proferida a seguinte decisão:

A Vale requereu que se constasse que as partes atingidas podem atuar para solucionar individualmente qualquer interesse individual atingido independente desta ação. A Defensoria requereu que se constasse que tudo foi ajustado respeitada a autonomia da vontade de cada pessoa.

A Vale requereu que permanecesse depositado em juízo o valor de R$500.000.000,00 (quinhentos milhões) que serão sempre e imediatamente recompostos pela empresa em caso de utilização dos valores sendo que os demais R$500.000.000,00 (quinhentos milhões) serão substituídos por garantias com liquidez corrente (CDB à disposição do Estado de Minas Gerais e vinculada a este Juízo), o que foi deferido pelo juiz com a concordância de todas as partes.

O Estado de Minas Gerais requereu reavaliação das medidas de urgência requeridas para apreciação, se necessário, juntamente com a vinda da petição inicial, o que foi deferido pelo juiz.

A Vale se compromete a requerer a desistência do agravo quanto à substituição das garantias e requererá a suspensão restante do agravo por 30 (trinta) dias.

A Vale concorda com o pagamento das multas administrativas estaduais, que totalizam, aproximadamente, R$99.000.000,00 (noventa e nove milhões de reais), decorrentes do processo n. AI211251/2019 e os pagamentos serão feitos diretamente para a SEMAD, em dinheiro, no prazo de 10 (dez) dias úteis, a contar da emissão da guia. A Vale, neste ato, desiste dos recursos administrativos interpostos em relação a tal processo, referentes às multas administrativas estaduais, que totalizam, aproximadamente, R$99.000.000,00 (noventa e nove milhões de reais).

Em seguida pelo MM Juiz foi proferida a seguinte decisão:

Poder Judiciário do Estado de Minas Gerais
Justiça de Primeira Instância

COMARCA DE BELO HORIZONTE
6ª VARA DA FAZENDA PÚBLICA E AUTARQUIAS

TERMO DE AUDIÊNCIA

Processo n.: 5010709-36.2019.8.13.0024
Natureza: Tutela Antecipada Antecedente
Autor: Estado de Minas Gerais
Ré: Vale S/A

Processo n.: 5026408-67.2019.8.13.0024
Natureza: Ação Civil Pública
Autor: Estado de Minas Gerais
Ré: Vale S/A

Ao dia 07 de março de 2019, às 14:00 horas, na sala de audiências do Juiz de Direito, Dr. Elton Pupo Nogueira, comigo Escrivã ao final nomeada e assinado, foi ordenado que procedesse, com as formalidades legais, ao pregão das partes e de seus respectivos procuradores. Apregoados, compareceram os representantes do autor Estado de Minas Gerais, o Advogado-Geral do Estado de Minas Gerais, Dr. Sérgio Pessoa de Paula Castro, OAB/MG 62.597, os Procuradores do Estado de Minas Gerais, Dr. Cássio Roberto dos Santos Andrade, OAB/MG 56.002, e Dr. Lyssandro Norton Siqueira OAB/MG 68.720e Dra. Luisa Cardoso Barreto, MASP 52.259-2, servidora da Vice Governadoria do Estado de MG, representantes do autor Ministério Público de Minas Gerais, o Promotor de Justiça

1

Houve também o ajuizamento do processo n. 5087481-40.2019.8.13.0024, ACP por danos econômicos, tendo como autor o MPE-MG e ré a Vale S/A. A tramitação dos processos já citados ocorreu de forma conjunta *visava à reparação integral dos danos sociais e econômicos*, compreendendo os danos patrimoniais (danos emergentes, lucros cessantes e perda de uma chance), danos extrapatrimoniais dos atingidos de forma individual, danos patrimoniais e extrapatrimoniais (dano moral coletivo); e danos patrimoniais e extrapatrimoniais (dano social compensatório e punitivo) para a sociedade.

Já no que diz respeito ao processo n. 5044954-73.2019.8.13.0024, ACP por danos ambientais, tendo como autor o Estado de Minas Gerais, o MPE-MG e a DPE-MG, e como ré a Vale S/A visava à *reparação integral dos danos ao meio ambiente de forma geral*, envolvendo o meio ambiente natural, cultural e urbanístico. A ação foi distribuída em 30.03.2020, tendo sido pedidas várias obrigações de fazer e não fazer:

> "6.6. elaborar os planos, os projetos e as ações necessárias para a reparação integral dos danos: *R$ 50.000.000.000,00 (cinquenta bilhões de reais)*, sem prejuízo do valor já acautelado; 75"[(128)]

---

(128) MINAS GERAIS. Tribunal de Justiça do Estado de Minas Gerais. 2ª Vara da Fazenda Pública e Autarquias da Comarca de Belo Horizonte. *Publicação extraída da página 1323 do Diário de Justiça do Estado de Minas Gerais, Belo Horizonte*. Autor: MPE-MG e Outros. Réu: Vale S/A. Grifos nossos.

Além disso, foi ajuizada outra ACP, desta vez em 25/08/2020, tendo por autores o MPF, a DPU, o MPE-MG, o Estado de MG e a AGU, e como ré a Vale S/A em 25.8.2020[(129)]. Esse processo n. 1016756-84.2019.4.01.3800 (autos físicos proc. n. 0023863-07.2016.4.01.3800) foi em aditamento aos seguintes processos judiciais:

- processo n. 5010709-36.2019.8.13.0024, Tutela Antecipada Antecedente, autor: Estado de Minas Gerais e outros, ré: Vale S/A;

- processo n. 5026408-67.2019.8.13.0024, Ação Civil Pública (decorrente da tutela antecipada antecedente), autores: Estado de Minas Gerais e outros, ré: Vale S/A;

- processo n. 5044954-73.2019.8.13.0024, Ação Civil Pública (Danos Ambientais), autor: MPE-MG, ré: Vale S/A;

- processo n. 5087481-40.2019.8.13.0024, Ação Civil Pública (Danos Econômicos), autor: MPE-MG, ré: Vale S/A.

Em 04/02/2021, nos autos do Processo de Mediação SEI n. 0122201-59.2020.8.13.0000, foi firmado um acordo[(130)] homologado pelo TJMG de 130 (cento e trinta) laudas, entre o Estado de MG, o MPE-MG, a DPE-MG e o MPF junto à ré, Vale S/A. O acordo englobou as ações judiciais enumeradas acima, e teve como objeto o seguinte:

> 1.1 O objeto do acordo é a definição das obrigações de fazer e de pagar da Vale, visando à reparação integral dos danos, impactos negativos e prejuízos socioambientais e socioeconômicos causados em decorrência do Rompimento, e seus desdobramentos, conforme a solução e adequação técnicas definidas para cada situação, nos moldes estabelecidos neste instrumento e em seus Anexos.[(131)]

---

(129) MINAS GERAIS. Tribunal de Justiça de Minas Gerais. 2ª Vara da Fazenda Pública e Autarquias da Comarca de Belo Horizonte. *Ação Civil Pública n. 5044954-73.2019.8.13.0024*. Autores: Estado de Minas Gerais, MPE-MG, DPMG. Ré: Vale S/A. Disponível em: https://www.jusbrasil.com.br/processos/222483748/processo-n-504XXXX-7320198130024-do-tjmg?query_id=76a6fea3-b3e2-4791-949d-009b4f9c2368. Acesso em: 31 jan. 2024.

(130) PRESIDENTE do TJMG homologa acordo histórico entre a Vale e instituições públicas. *Tribunal de Justiça do Estado de Minas Gerais*, Notícias, 4 fev. 2021. Disponível em: https://www.tjmg.jus.br/portal-tjmg/noticias/presidente-do-tjmg-anuncia-acordo-historico-entre-a-vale-e-as-instituicoes-publicas-8A80BCE676728EAA01776D32461E7848.htm#.Y4YpMcvMI2w. Acesso em: 22 nov. 2022.

(131) MINAS GERAIS. Tribunal de Justiça do Estado de Minas Gerais. *Acordo Judicial para Reparação Integral Relativa ao Rompimento das Barragens B-I, B-IV e B-IVA / Córrego do Feijão*. Processo de Mediação SEI n. 0122201-59.2020.8.13.0000 TJMG / CEJUSC 2º GRAU. Belo Horizonte, 4 fev. 2021. p. 4.

Em termos financeiros, o acordo prevê a compensação pecuniária no importe de R$ 37.689.767.329,00 (trinta e sete bilhões, seiscentos e oitenta e nove milhões, setecentos e sessenta e sete mil, trezentos e vinte e nove reais), correspondente à somatória das obrigações definidas no termo de acordo e dos valores indicados pela Vale como despesas já realizadas nas ações de reparação socioambiental e socioeconômica, bem como a título de antecipação da indenização dos danos coletivos e difusos.

Desse valor aproximadamente R$ 5.000.000.000,00 (cinco bilhões de reais) deveriam ser utilizados para a recuperação da Bacia do Rio Paraopeba e R$ 26.412.660.134,00 (vinte e seis bilhões, quatrocentos e doze milhões, seiscentos e sessenta mil, centro e trinta e quatro reais) corresponderiam ao teto do acordo, representando o limite a ser gasto pela Vale S/A no cumprimento das obrigações de reparação e compensação socioeconômica, assim como de compensação dos danos socioambientais já conhecidos.

Ficaram de fora do acordo assinado em 04.02.2021 os danos individuais e individuais homogêneos, descritos na cláusula 3.1[(132)], tendo sido estabelecido que o monitoramento de seu cumprimento seria feito diretamente pelo SISEMA (com posterior validação dos demais compromissários do acordo), conforme a cláusula 2.2:

> 2.2. Os parâmetros utilizados para fins de verificação da quitação de obrigações de recuperação integral socioambiental serão aqueles previstos nas normas brasileiras e indicadores definidos no Plano de Reparação Socioambiental, em elaboração por empresa contratada, custeada e de responsabilidade da Vale, em tramitação administrativa (Processo 2090.01.0004333/2020-68), *após aprovações pelo Sistema Estadual de Meio Ambiente (SISEMA)* e validações dos Compromitentes, com o apoio da Auditoria Ambiental, na forma do detalhamento referido no capítulo 5 deste Acordo, em cronogramas, fases e etapas, quando comportarem seccionamento, definido pelo SISEMA, assegurada a eficácia das medidas técnica e ambientalmente viáveis.[(133)]

(132) "3.1. A Vale obriga-se aos pagamentos ou execução de projetos e ações conforme discriminados nos Anexos I.1, I.2, I.3, I.4, III e IV, que serão destinados à reparação de todos os danos socioeconômicos difusos e coletivos decorrentes do Rompimento. Ficam excetuados os danos supervenientes, os individuais e os individuais homogêneos de natureza divisível, conforme os pedidos das Ações Judiciais não extintos por este Acordo, os quais são objeto das perícias judiciais que prosseguirão." (MINAS GERAIS. Tribunal de Justiça do Estado de Minas Gerais. Acordo Judicial para Reparação Integral Relativa ao Rompimento das Barragens B-I, B-IV e B-IVA / Córrego do Feijão. Processo de Mediação SEI n. 0122201-59.2020.8.13.0000 TJMG / CEJUSC 2º GRAU. Belo Horizonte, 4 fev. 2021).

(133) MINAS GERAIS. Tribunal de Justiça do Estado de Minas Gerais. *Acordo Judicial para Reparação Integral Relativa ao Rompimento das Barragens B-I, B-IV e B-IVA / Córrego do Feijão*. Processo de Mediação SEI n. 0122201-59.2020.8.13.0000 TJMG / CEJUSC 2º GRAU. Belo Horizonte, 4 fev. 2021. p. 5. Grifo nosso.

Apesar de reconhecer-se o esforço envidado pelos autores na celebração do acordo, é importante apresentar as seguintes críticas científicas a seu processo de elaboração: primeiro, não houve participação nem da comunidade local de Brumadinho, tampouco de nenhuma das associações de vítimas de desabamentos, tais como a Associação dos Familiares das Vítimas e Atingidos pelo Rompimento da Barragem da Mina do Córrego do Feijão (AVABrum)(134), ou o Movimento dos Atingidos por Barragens (MAB)(135), entre outras, tendo faltado, portanto, legitimidade e democraticidade, uma vez que os destinatários diretos do provimento (acordo) bem como os mais afetados, descritos no Capítulo 1 desta obra, não foram ouvidos.

Segundo, o fato de a responsabilidade de fiscalizar diretamente o cumprimento do acordo ter ficado a cargo diretamente do Executivo Estadual, por meio do SISEMA (com posterior validação dos demais compromissários), pode acarretar dificuldades em termos de fidúcia, princípios de transparência, publicidade e fiscalidade, porque *basta lembrar que, até o dia anterior ao ecogenocídio, todos os órgãos públicos do Estado de Minas Gerais atestavam a total segurança da barragem B1, e, na prática, isso também poderia implicar (em tese) colocar nas mãos do Governador do Estado de MG o controle de partes de verbas vultosas do acordo.*

Terceiro, apenas em um só processo, na ACP n. 5044954-73.2019.8.13.0024, por danos ambientais(136), tendo como autores o Estado de MG, o MPE-MG, a DPE-MG, e como ré a Vale S/A, pediu-se o pagamento da quantia de R$ 50.000.000.000,00 (cinquenta bilhões de reais) para a reparação integral dos danos.

Quarto, de acordo com a Fundação João Pinheiro(137), somente os valores relativos a danos materiais e morais dariam *R$ 26 bilhões de reais*, isso sem contar os valores por perdas de vidas humanas, 272 óbitos, ou melhor, ecogenocídios e toda a destruição do meio ambiente.

---

(134) AVABRUM — ASSOCIAÇÃO DOS FAMILIARES DE VÍTIMAS E ATINGIDOS PELO ROMPIMENTO DA BARRAGEM MINA CÓRREGO DO FEIJÃO – BRUMADINHO – MG. [*Homepage*]. c2022.

(135) MAB — MOVIMENTO DOS ATINGIDOS POR BARRAGENS. [*Homepage*]. c2024.

(136) MINAS GERAIS. Tribunal de Justiça do Estado de Minas Gerais. 2ª Vara da Fazenda Pública e Autarquias da Comarca de Belo Horizonte. *Ação Civil Pública n. 5044954-73.2019.8.13.0024*. Autores: Estado de Minas Gerais, MPE-MG, DPMG. Ré: Vale S/A.

(137) PODER Público pede imediata condenação da Vale ao ressarcimento do Estado e pagamento de danos morais e sociais por rompimento da barragem em Brumadinho. *Defensoria Pública de Minas Gerais*, 26 ago. 2020.

Houve ajuizamento de uma ACP do MPT-MG e outros contra a Vale S/A, proc. 0010261-67.2019.5.03.0028, tendo também sido celebrado um acordo no qual[(138)] ficou ajustado que a mineradora pagaria uma indenização de R$ 400.000.000,00 (quatrocentos milhões de reais) a título de indenização por danos morais coletivos. A destinação desse montante seria definida por comitê composto por Justiça do Trabalho, MPT, DPU[(139)], tendo sido assegurada a participação das famílias por meio de representantes da Comissão/Associação das Famílias atingidas a serem indicados ao comitê. Foram fixados valores mínimos de danos morais em virtude de morte, de seguro adicional por acidente de trabalho, bem como estabilidade de 3 (três) anos após o acidente, auxílio-creche e outras providências.

Relativamente aos pedidos de Tutela Inibitória houve o ajuizamento, na 5ª Vara do Trabalho de Betim, do proc. 0010080-15.2019.5.03.0142, tendo como autor o MPT e como ré a Vale S/A, para efetivar a NR-22 (barragens), relativamente à barragem B-6, também em Brumadinho, tendo sido deferida em parte a liminar[(140)], em 28.01.2019. Em seguida, foi homologado um acordo parcial na audiência de 22.02.2019, englobando os seguintes itens: (i) garantia de emprego ou salário e parcelas legais ou convencionais; (ii) proibição de transferências ou realocações de empregados próprios e terceirizados; (iv) fornecimento de atendimento médico e psicológico; (v) auxílio creche; (vii) auxílio educação. Este processo atualmente está *sub judice*, com agravo de instrumento em recurso de revista, tendo sido interposto pelo terceiro interessado/agravante, no caso a Advocacia Garcez, em face da questão de honorários.

O MPE-MG[(141)] ajuizou, em 08/02/2019, a ACP n. 5013909-51.2019.8.13.0024, na 1ª Vara de Fazenda Pública e Autarquias de MG, para prevenção de danos ambientais (inclusive das três barragens com risco 3, já descritas) e outras medidas. Esta ação, poucos meses depois, foi abrangida (junto

(138) UM ACORDO judicial proposto pelo MPT deu paridade às indenizações a familiares de vítimas do rompimento da barragem da Vale em Brumadinho. *Ministério Público do Trabalho em Minas Gerais*, 25 jan. 2023.

(139) SOUZA, Geraldo Emediato de. Do desastre ao acordo entre o MPT e a Vale S/A. Brumadinho: balanço dos seis meses. *Revista Balanço da atuação caso Vale Brumadinho*, Belo Horizonte, MPT-MG, jul. 2020 [atual. jan. 2023].

(140) MPMG ATUA para garantir a segurança de 10 outras barragens da Vale. *Ministério Público do Estado de Minas Gerais*, Notícias, 8 fev. 2019; MINAS GERAIS. Tribunal de Justiça do Estado de Minas Gerais. 5ª Vara do Trabalho de Betim-MG. *Decisão de Tutela Antecipada Antecedente 0010080-15.2019.5.03.0142*. Juíza: Renata Lopes Vale. Belo Horizonte, 28 jan. 2019. p. 4-6.

(141) MINAS GERAIS. Tribunal de Justiça do Estado de Minas Gerais. 1ª Vara da Fazenda Pública e Autarquias da Comarca de Belo Horizonte. *Ação Civil Pública n. 5013909-51.2019.8.13.0024*. Autores: Estado de Minas Gerais, MPE-MG. Ré: Vale S/A.

com outros processos) pelo Termo de Ajuste de Conduta (TAC) n. 187/2019[142], celebrado pelo MPT e o MPE-MG com a Vale S/A[143], para cumprir, entre outras obrigações, o descomissionamento da barragem Forquilha III (em Ouro Preto), e também pelos TACs n. 212/219[144] e 213/2019[145] (que englobou vários outros processos) para descomissionamento da barragem B3/B4 da Mina Mar Azul, Nova Lima/MG, entre outras. Ressalte-se, porém, que até hoje o acordado ainda não foi cumprido pela Vale S/A.

Em 25.02.2022[146] o MPF, o MPE-MG e o Estado de MG (FEAM e Semad) *celebraram um novo TAC (n. 3/2022)*[147] *com a Vale S/A* com interveniência

---

(142) O TAC n. 187/2019 abrangeu as ações civis públicas ns. 5013909-51.2019.8.13.0024, 0004741-98.2019.8.13.0319 e 5000203-75.2019.8.13.0064, do Ministério Público de Minas Gerais em face da Vale S/A e o Inquérito Civil n. 3121.2019.03.000/1 da Procuradoria Regional do Trabalho da 3ª Região em Belo Horizonte. No MPT este TAC está no Inquérito Civil (IC) n. 003119.2019.03.000/9, Documento físico n. 000212.2019. (MINISTÉRIO PÚBLICO DO ESTADO DE MINAS GERAIS. *Termo de Ajustamento de Conduta (TAC) n. 187/2019*. Termo de compromisso que firmam Ministério Público do Estado de Minas Gerais, Ministério Público do Trabalho e Vale S.A., com interveniência da Rizzo International Inc. e do Estado de Minas Gerais. Belo Horizonte, 23 set. 2019. Disponível em: https://www.prt3.mpt.mp.br/servicos/termos-de-ajuste-de-conduta?task=baixa&format=raw&arq=kMEIB_GI2y8T7BEtVCO4T1k6OUJcg8TUeG-z1dt5ZuoSY3AZL9S9R4X847eLUH_hzvXC23ryDDyDD8F_-B8MBw. Acesso em: 16 mar. 2024.

(143) EM DIA com o caso Vale/Brumadinho. *Ministério Público do Trabalho de Minas Gerais*, Notícias, [2023]; UM ACORDO judicial proposto pelo MPT deu paridade às indenizações a familiares de vítimas do rompimento da barragem da Vale em Brumadinho. *Ministério Público do Trabalho em Minas Gerais*, Procuradorias, 25 jan. 2023. Disponível em https://www.prt3.mpt.mp.br/servicos/termos-de-ajuste-de-conduta?task=baixa&format=raw&arq=kMEIB_GI2y8T7BEtVCO4T1k6OUJcg8TUeG-z1dt5ZuoSY3AZL9S9R4X847eLUH_hzvXC23ryDDyDD8F_-B8MBw. Acesso em: 25 mar. 2024.

(144) MINISTÉRIO PÚBLICO DO ESTADO DE MINAS GERAIS. *Termo de Ajustamento de Conduta (TAC) n. 212/2019*. Termo de compromisso que firmam Ministério Público do Estado de Minas Gerais, Ministério Público do Trabalho e Vale S.A., com interveniência da SLR Consulting Canada e do Estado de Minas Gerais. [*S. l.*], 10 dez. 2019a [assinatura eletrônica]. Disponível em: https://www.prt3.mpt.mp.br/servicos/termos-de-ajuste-de-conduta?task=baixa&format=raw&arq=WbxzXiikvfoq_q8-bvePe60h64lFAdjix6mvu1cN4Sp_BUMGNLc7kwini64B2fMNSn9OJ-4pKaQpEATuY7yJOQ. Acesso em: 16 mar. 2024.

(145) MINISTÉRIO PÚBLICO DO ESTADO DE MINAS GERAIS. *Termo de Ajustamento de Conduta (TAC) n. 213/2019*. Termo de compromisso que firmam Ministério Público do Estado de Minas Gerais, Ministério Público do Trabalho e Vale S.A., com interveniência da SLR Consulting Canada e do Estado de Minas Gerais. [*S. l.*], 10 dez. 2019b [assinatura eletrônica]. Disponível em: https://www.prt3.mpt.mp.br/servicos/termos-de-ajuste-de-conduta?task=baixa&format=raw&arq=WbxzXiikvfoq_q8-bvePe60h64lFAdjix6mvu1cN4Sr30_QH6veP8NAw38qUidwmjUtlY_GD0ageeSWfXg0DgA. Acesso em: 16 mar. 2024.

(146) MPMG E GOVERNO de Minas Gerais firmam Termo de Compromisso com a Vale para garantir pagamento de dano moral coletivo por não cumprimento do prazo para descaracterização de barragens. *Ministério Público do Estado de Minas Gerais*, Notícias, Meio Ambiente, 25 fev. 2022.

(147) MINISTÉRIO PÚBLICO DO ESTADO DE MINAS GERAIS. *Termo de Ajustamento de Conduta (TAC) n. 3/2022*. Termo de compromisso celebrado pelo MPF, MPE, Estado de Minas Gerais, Semad e FEAM

da ANM, abrangendo as barragens de Ouro Preto (Forquilha, I, II e III) além de outras, prolongando o prazo de 25/02/2022[148] para descaracterização das barragens alteadas pelo método a montante. Ressalte-se que esse método *foi proibido* pela Lei Estadual n. 23.291/2019 em seu art. 13, § 2º, tendo sido dado o termo final para a descaracterização desse método até 25/02/2022, prazo que não foi cumprido pela maioria das mineradoras, inclusive pela Vale S/A. No referido TAC *(n. 3/2022)* ocorreu o prolongamento do prazo de descomissionamento determinado por esta lei e do prazo estabelecido no TAC n. 187/2019 para o prazo previsto na cláusula 3[149].

---

com a Vale S.A. – descaracterização de barragens. Belo Horizonte, 22 fev. 2022. Disponível em: https://apps.mpf.mp.br/aptusmpf/index2#/detalhe/41000000000117569898?modulo=0&sistema=portal. Acesso em: 5 ago. 2023; e MINISTÉRIO PÚBLICO DO ESTADO DE MINAS GERAIS. *Termo de Compromisso [TAC n. 3/2022]*. Celebrado pelo MPF, Ministério Público do Estado de Minas Gerais, Semad e FEAM com a Vale S.A. Belo Horizonte, 22 fev. 2022. Disponível em: https://apps.mpf.mp.br/aptusmpf/protected/download/recuperarIntegraUnico?modulo=0&sistema=portal&etiqueta=PR-MG-00019114%2F2022. Acesso em: 5 ago. 2023.

(148) MINISTÉRIO PÚBLICO DO ESTADO DE MINAS GERAIS. *Termo de Ajustamento de Conduta (TAC) n. 3/2022*. Termo de compromisso celebrado pelo MPF, MPE, Estado de Minas Gerais, Semad e FEAM com a Vale S.A. – descaracterização de barragens. Belo Horizonte, 22 fev. 2022. Disponível em: https://apps.mpf.mp.br/aptusmpf/index2#/detalhe/41000000000117569898?modulo=0&sistema=portal. Acesso em: 5 ago. 2023.

(149) "3) A COMPROMISSÁRIA se obriga a concluir a descaracterização das barragens objeto do presente Termo de Compromisso no menor prazo tecnicamente possível sob o viés da segurança da estrutura e das pessoas potencialmente impactadas, seguindo rigorosamente o projeto técnico e seu cronograma físico detalhado aprovados pela ANM e pela FEAM, que poderão emitir determinações ou recomendações adicionais àquelas constantes do projeto apresentado pela COMPROMISSÁRIA, bem como analisar eventuais justificativas de alteração dos cronogramas, desde que respeitado o prazo final determinado." (MINISTÉRIO PÚBLICO DO ESTADO DE MINAS GERAIS. *Termo de Compromisso [TAC n. 3/2022]*. Celebrado pelo MPF, Ministério Público do Estado de Minas Gerais, Semad e FEAM com a Vale S.A. Belo Horizonte, 22 fev. 2022. p. 9. Disponível em: https://apps.mpf.mp.br/aptusmpf/protected/download/recuperarIntegraUnico?modulo=0&sistema=portal&etiqueta=PR-MG-00019114%2F2022. Acesso em: 5 ago. 2023)

Capítulo 4

Responsabilidades do Estado Brasileiro e da Vale S/A no Ecogenocídio de Brumadinho

Especialista da ONU, Baskut Tuncak, fez uma visita oficial de duas semanas ao país em final de 2019 e, ao divulgar suas conclusões preliminares sobre o ecogenocídio de Brumadinho declarou que:

> "após uma série de crimes ambientais horríveis, desde o colapso de uma barragem de dejetos mortais até uma epidemia de envenenamentos por pesticidas, seria de esperar que o país adotasse os mais rigorosos controles ambientais e ocupacionais para substâncias e resíduos perigosos". Mas, segundo o especialista, o que está ocorrendo é o oposto.
>
> O relator apontou que o país está regredindo, possibilitado por "um sentimento maligno de impunidade" de pessoas que "envenenam o público, tomam suas terras e destroem o meio ambiente".[150]

Conforme mencionado anteriormente, pelas provas orais, documentais e periciais o ecogenocídio de Brumadinho não pode ser considerado como uma "tragédia", porque não foi nem caso fortuito, nem força maior, e porque a Vale S/A sabia do risco de desmoronamento da barragem B1.

Também houve gravíssima responsabilidade do Estado brasileiro, por meio de seus órgãos de fiscalização de barragens (órgãos federais, tais como a ANM, e diversos órgãos estaduais), que permitiram que uma barragem em estado de

(150) ESPECIALISTA da ONU diz que Brasil está seguindo "caminho trágico" na área das substâncias tóxicas. *ONU News*, 13 dez. 2019.

altíssimo risco continuasse a funcionar normalmente. As provas dessas omissões são em síntese provas documentais e periciais, já citadas nos capítulos anteriores. Ressalte-se que a última inspeção *in loco* na Vale S/A, feita pela Agência Nacional de Mineração (ANM) na barragem em questão *foi em 2016, aliás, quando ela foi interditada:* "À época do desastre, a ANM tinha oito técnicos exclusivamente dedicados para fiscalizar as 425 barragens inseridas na PNSB. A última vistoria *in loco* da barragem I do complexo minerário Córrego do Feijão havia sido feita em 2016".[(151)]

Além disso, em primeiro lugar, a Vale S/A *é reincidente* em provocar ecogenocídios, porque, em 05.11.2015, já tinha ocorrido a liquefação da Barragem do Fundão, de propriedade da empresa SAMARCO (controlada pela Vale e pela BHP Billiton), que soterrou parte das cidades de Mariana e Bento Gonçalves/MG; e, pouco mais de três anos depois, em 25.01.2019, ocorreu a liquefação da barragem B1, em Brumadinho/MG. Ademais, de 1986 até 2019, ocorreu o rompimento, ao todo, de 8 (oito) barragens de rejeitos[(152)] da mesma empresa, apenas em Minas Gerais.

Em segundo lugar, o método de barragem usado na B1, de *alteamento a montante*, é muito antigo, perigoso e quase não é usado no resto do mundo. A B1 foi construída[(153)] em 1976, já tendo sido interditada pela ANM em 2016. A barragem de rejeitos[(154)] é uma estrutura que forma uma parede para contenção de material decorrente do processo de beneficiamento do minério, ou seja, o material (grosso, granulado (areia), ou fino, não plásticos (siltes)) da lama não aproveitável fica contido, visando minimizar os impactos socioambientais.

O *alteamento a montante* consiste em construir a barragem sobre os próprios rejeitos, sendo totalmente desaconselhada, notadamente em locais de chuvas, segundo a Academia Nacional de Engenharia (ANE) e segundo a literatura especializada, porque está mais sujeita ao "fluxo por liquefação" (dissolução, desmoronamento, perda de coesão do solo, e sua capacidade de suporte se reduz a zero)

---

(151) AGÊNCIA Nacional de Mineração conclui o relatório técnico sobre barragem de Brumadinho. *Agência Nacional de Mineração*, Notícias, 5 nov. 2019.

(152) FARIA, Mário Parreiras. O rompimento de barragens de rejeitos: o desafio da prevenção. *In*: SOUZA, Adriana Augusta de Moura *et al.* (Coord.). *Grandes Acidentes do Trabalho no Brasil* – repercussões jurídicas e abordagem multidisciplinar. Belo Horizonte: RTM, 2021. p. 188–189.

(153) HISTÓRICO do rompimento das barragens da Vale na Mina Córrego do Feijão. *Governo do Estado de Minas Gerais*, Pró-Brumadinho, [2022].

(154) FARIA, *op. cit.*, p. 192.

imposta por situações não drenadas[155] e *piping* (erosão interna ou regressiva, que não ocorre na superfície)[156]. Além disso, devido à produção contínua de minérios, há necessidade de construção de diversos e sobrepostos alteamentos (elevação de uma parede, de um andar, de uma abóbada) feitos amiúde sem a necessária sedimentação, podendo surgir problemas de subpressão da água ali armazenada, que pode afetar sua fundação, porque as frações mais grossas (granuladas) ficam acima e são drenadas apenas as finas (lamas) que saem em direção ao lago de decantação.

O melhor método para a B1 seria o de barragem por *alteamento a jusante*, mais seguro e previsível, construído sobre solo seguro, o qual não emprega rejeitos consolidados para alteamentos, facilitando a drenagem e com baixa possiblidade de liquefação, porém, mais caro, tendo sido feita uma escolha pela Vale S/A pelo maior risco, para maior lucratividade. Os métodos de construção de barragens de rejeitos são: a montante, a jusante e linha de centro (junção das duas anteriores):

3.1 Método da jusante

Consiste de construção e alteamento do barramento sempre a jusante. Na Figura 2 vemos um esquema simplificado de uma barragem à jusante e na Figura 3 vemos os alteamentos posteriores.

[...] Na figura 3 é apresentado os alteamentos posteriores.

Figura 3: Barrameneto a Jusante

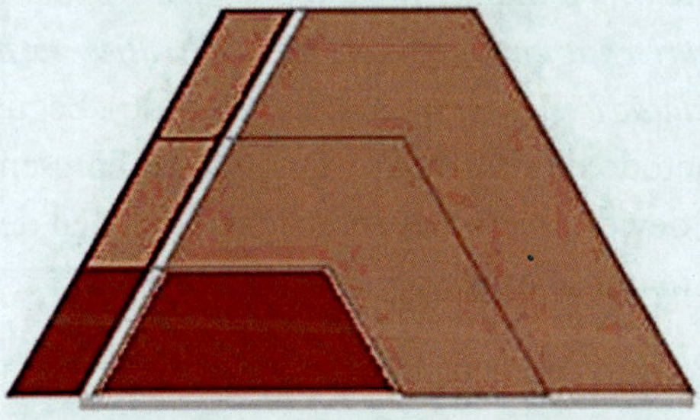

Chammas (1989 como citado em Passos, 2009, p. 21) comenta que as vantagens do método de jusante estão na sua resistência a carregamentos dinâmicos, isto deve-se ao fato de escalonar a construção sem interferir na segurança, dessa forma facilita a drenagem, possui baixa susceptibilidade de liquefação e simplicidade na operação.

(155) *Ibidem*, p. 194.

(156) SILVA, Washington Pirete da. *Estudo do potencial de liquefação estática de uma barragem de rejeito alteada para montante aplicando a metodologia de Olson (2001)*. 2010. 120 f. Dissertação (Mestrado em Engenharia Geotécnica) – Universidade Federal de Ouro Preto, Ouro Preto, 2010. p. 70.

3.2 Método da montante

Consiste de construção e alteamento do barramento sempre à montante sobre o rejeito já consolidado. Na Figura 4 é apresentado a estrutura inicial de um barramento à montante, com o dique inicial e a praia de rejeito.

Figura 4: Estrutura inicial do barramento a montante

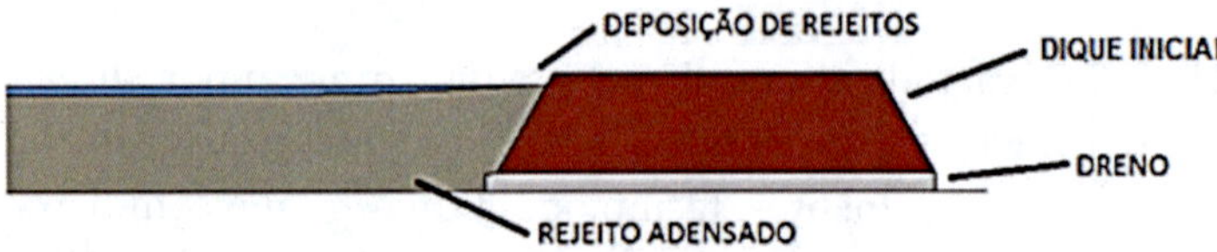

Na Figura 5 abaixo, está representado os posteriores alteamentos realizados sob o rejeito.

Figura 5: Barramento a Montante

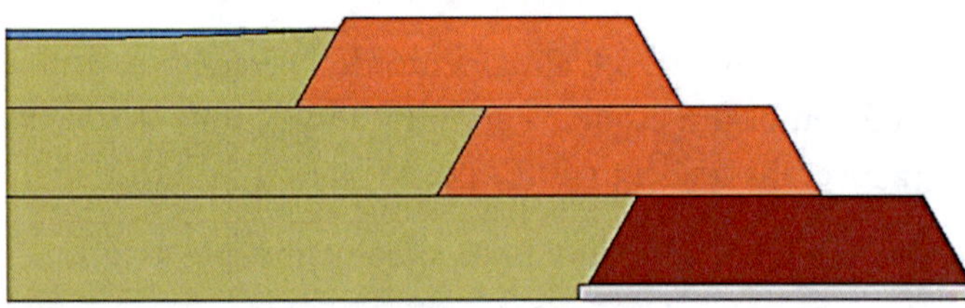

Embora este seja o mais utilizado pela maioria das mineradoras, *o método de montante apresenta um baixo controle construtivo tornando-se crítico principalmente em relação à segurança* (ARAÚJO, 2006). Segundo Martin e McRobert (1999) o método de alteamento à montante representa um desafio no âmbito geotécnico devido às tensões induzidas, potencial de liquefação e não consolidação do material utilizado como fundação.

3.3 Método linha de centro

Consiste de construção e alteamento do barramento tanto à montante quanto à jusante, acompanhando um eixo vertical, chamado de linha de centro, sobre o rejeito depositado a montante e sobre o próprio barramento à jusante. O método da linha de centro é um método intermediário que tenta minimizar as desvantagens entre o método de montante e o de jusante (PASSOS, 2009).

Figura 6: Barramento pelo método de Linha de Centro

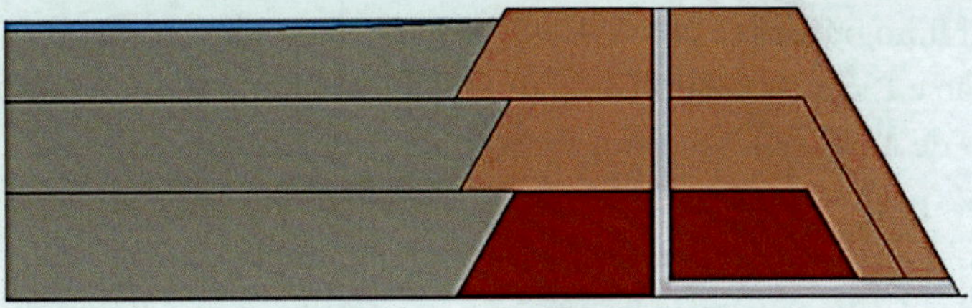

(157)

A respeito da opção pelo método adotado na mina do Córrego do Feijão e de seus riscos potenciais assim se expressou o Conselho Regional de Engenharia de Minas Gerais (CREA/MG):

> Diante das tragédias com barragens, incluindo a da mina do Córrego do Feijão, em Brumadinho (MG), João Augusto apresentou uma análise do cenário à época: "Houve uma arrogância técnica combinada com a 'juniorização' e a 'financeirização', ao se ignorar as recomendações de consultores comprovadamente experientes. Principalmente os engenheiros com formação técnica adequada, mas com mais de 50 anos, *ao não concordarem com as soluções de menor custo porém que implicavam em maior risco, eram substituídos por profissionais com nível de competência abaixo do nível de decisão requerida pelo novo cargo*, nem sempre com atribuição para a atividade, que por falta de visão ou conveniência, concordavam com, por exemplo, a taxas de alteamentos acima das permitidas pelas condições da BRM, construção de estruturas permanentes, como escritório, refeitório e oficinas abaixo (à jusante) de um maciço de uma BRM com fator de segurança abaixo de 1,1. A governança corporativa de algumas grandes empresas, dominadas por executivos oriundos do sistema financeiro, tomava e impunha suas decisões com base em um foco econômico, colocando as recomendações técnicas em segundo plano.[158]

Em terceiro lugar, em franco antagonismo à Lei n. 12.334/2010, art. 8º, VII, exatamente no dia do acidente as sirenes não funcionaram e o refeitório dos empregados estava localizado embaixo da barragem, tornando impossível a sobrevivência de quem ali estava, conforme provas testemunhais e afirmações da própria Vale S/A na ACP n. 0010261-67.2019.5.03.0028.

(157) CARDOZO, F. A. C.; PIMENTA, M. M.; ZINGANO, A. C. Métodos Construtivos de barragens de rejeitos de mineração — uma revisão. *HOLOS*, ano 32, v. 8, p. 77–85, 2016. p. 78–81. Grifo nosso.

(158) PIMENTEL, Fernanda. Colégio de Entidades Nacionais debate segurança de barragens. *Conselho Federal de Engenharia e Agronomia*, Brasília, 6 de junho de 2022. Grifo nosso.

Em quarto lugar, segundo o Fórum Nacional da Sociedade Civil na Gestão de Bacias Hidrográficas (FONASC-CBH), ocorreram inconsistências no processo de obtenção e Licenciamento Ambiental Concomitante (LAC), porque a decisão do Estado de Minas Gerais enquadrou o empreendimento (grande porte) como risco 4 e não risco 6, implicando um procedimento muito mais simples e propiciando o aumento do risco de rompimento(159). Daí que tenha ocorrido culpa gravíssima do Estado do Minas Gerais, o que *gera a necessidade de MC inclusive perante o SIDH* (como se verá no Capítulo 10)(160) a fim de evitar o desmoronamento de outras barragens em Minas Gerais.

Em quinto lugar, o necessário Estudo de Impacto Ambiental (EIA) da Vale S/A e os Relatórios de Impacto Ambiental (RIMA)(161) em Brumadinho, apresentados em março de 2019 nas diversas audiências públicas, não continham a correta delimitação da Área de Influência Direta (AID). Ademais, houve a ampliação do empreendimento com supressão de vegetação em Área de Preservação Ambiental (APP), na zona de amortecimento do Parque da Rola Moça, prejudicando-o, tudo devidamente validado pelos órgãos de fiscalização ambientais do Estado de Minas Gerais.

Em sexto lugar, o Estado de Minas Gerais já tinha aprovado o descomissionamento(162) (desativação) da estrutura no final da Barragem de Brumadinho, no final de 2018, mas não chegou a efetivá-lo. Além disso, praticamente todos os órgãos de fiscalização ambiental de Minas Gerais, além da ANM, de âmbito federal, tinham atestado pouco antes do ecogenocídio que a barragem era segura, conforme relatório da própria ANM, sendo certo que a ANM deveria ter feito inspeções *in loco* antes da rompimento da barragem e não apenas fiar-se em documentos da própria Vale S/A.

---

(159) FELICIANO, Guilherme Guimaraes; PASQUALETO, Olívia de Quintana Figueredo. A (in) efetividade dos princípios jurídico-ambientais nos grandes acidentes de trabalho e a responsabilização empregador-poluidor: uma análise do caso de "Brumadinho". In: SOUZA, Adriana Augusta de Moura *et al.* (Coords.). *Grandes Acidentes do Trabalho no Brasil* — repercussões jurídicas e abordagem multidisciplinar. Belo Horizonte: RTM, 2021. p. 143.

(160) *Ibidem*, p. 141.

(161) CAMPANTE, Rubens Goyatá. Mineração e grandes acidentes de trabalho: a lógica subjacente. *Rev. Trib. Reg. Trab. 3ª Reg.*, Belo Horizonte, v. 65, n. 100, t. I, p. 445-489, jul./dez. 2019. p. 478.

(162) RAGAZZI, Lucas; ROCHA, Murilo. *Brumadinho*: a engenharia de um crime. Belo Horizonte: Letramento. 2019. p. 73-135. ("A Barragem é insegura, e a Vale sabe disso") de seu livro para ilustrar esse ponto, a partir das conclusões do MPF, MPMG, PF e CPIs da ALMG. A mesma asserção é feita por PEREIRA, Dulce Maria; FREITAS, Suzy Magaly; GUIMARÃES, Hellen Oscarina; MÂNGIA, André Alckmin. Brumadinho: muito mais do que um desastre tecnológico. *Revista da Universidade Federal de Minas Gerais*, v. 27, n. 2, p. 332-355, 2021.

Em sétimo lugar, a empresa nunca teve um Plano de Emergência específico da Mina Córrego do Feijão, seus empregados, terceirizados e moradores da área de autossalvamento nunca participaram de um simulado do Plano de Ação de Emergência para Barragens de Mineração (PAEBM) referente ao possível rompimento da barragem B-I, conforme apuração feita pelos Auditores Fiscais do Trabalho (AFTs) da SRTE/MG, em 2019.

Por fim, nenhuma fiscalização federal, como a Agência Nacional de Águas e Saneamento Básico (ANA); a Lei n. 9.984/2000, art. 4º, XX a XXIII; e a Lei n. 12.334/2010, art. 16; a Agência Nacional de Mineração (ANM); nem estatual, como a FEAM, constataram a existência desses graves fatos antes do desmoronamento da barragem B-1, implicando agravamento da responsabilidade objetiva do Estado, conforme o art. 37, § 6º, da CF/88.

Em resumo, a Vale S/A sabia que a barragem B1 poderia desmoronar e, ainda assim, fez sua escolha pelo ecogenocídio, com base em parâmetros estritamente financeiros, incorrendo em dolo. Também o Estado brasileiro incorreu em culpa gravíssima, seja por falta de fiscalização, seja por ter declarado a referida barragem segura até a ocorrência do ecogenocídio. De toda forma, a responsabilidade de ambos é objetiva, *o que justifica a pesquisa sobre medidas cautelares perante o Sistema Interamericano de Justiça, a CIDH e a CorteIDH.*

Capítulo 5

Barragens da Vale S/A, em Minas Gerais, com Alto Risco de Rompimento

Antes de tudo, vale ressaltar a Lei Estadual de Minas Gerais n. 23.291/2019, que em seu art. 13, § 2º, proibiu as barragens a montante, tendo sido determinado o termo final para descaracterização deste método até 25.02.2022, prazo que não foi cumprido pela maioria das mineradoras, inclusive pela Vale S/A, notadamente com relação às três barragens que, como será exposto, têm grau de risco 3 (máximo) e que até 1º.02.2024 estavam em pleno funcionamento.

A Vale S/A(163) tem atualmente, apenas em Minas Gerais, 106 (cento e seis) barragens ativas, segundo a ANM. Roberta Vaz explica que em 4 (quatro) dessas barragens que apresentam alto risco (uma com risco 2 e as outras com risco 3) esse nível de emergência é acionado, desde 2020, em duas hipóteses: 1ª) quando a ruptura é inevitável ou está ocorrendo, 2ª) ou quando o chamado "fator de segurança drenado" estiver abaixo de 1,1 ou quando o "fator de segurança não drenado de pico" estiver abaixo de 1,0, e explica: "Atualmente, o estado tem 04 (quatro) barragens com risco iminente de ruptura (nível 3): B3/B4 da mina Mar Azul, em Macacos; Forquilha I e Forquilha III em Ouro Preto; e Sul Superior, em Barão de Cocais, além de mais 10 (dez) em nível de emergência"(164).

Conforme Beatriz Jucá, há 50 barragens em alto risco que mantêm a bomba-relógio da mineração no estado de Minas Gerais:

> Atualmente, Minas Gerais tem 22 barragens de mineração interditadas por não terem sua estabilidade atestada e outras 28 ainda em funcionamento, mas que foram catalogadas como de alto risco pelos

---

(163) ANM — AGÊNCIA NACIONAL DE MINERAÇÃO. *Pesquisar Barragens*. c2022.

(164) MELLO, Roberta Salvático Vaz de. *As tragédias de Mariana e Brumadinho:* danos existenciais e responsabilidade civil. Belo Horizonte: Expert, 2022. p. 53-55.

órgãos de fiscalização. Com cidades inteiras em constante alerta desde a tragédia de Brumadinho, órgãos de fiscalização e controle têm obrigado mineradoras a adotar ações por conta do perigo identificado em dezenas de barragens. *Moradores foram deslocados de zonas de risco, estradas* ganharam sinalização com rotas de fuga e obras foram iniciadas para mudar o curso da lama em caso de novo rompimento. No entanto, as ações ainda não conseguem dar conta de resolver um problema crônico na mineração brasileira: o controle periódico das barragens, um elemento-chave para prevenir que essas estruturas desmoronem, segundo especialistas ouvidos pelo EL PAÍS.

Quando a barragem da Mina do Feijão rompeu em Brumadinho no ano passado, tanto a Vale quanto a ANM afirmaram que a mineradora havia emitido todos os documentos de fiscalização obrigatórios por lei. Na ocasião, a estrutura estava paralisada e catalogada como de "baixo risco" de ruir. Nove meses depois, o órgão federal *concluiu um relatório técnico sobre o histórico da estrutura colapsada*, no qual informa que a Vale sonegou informações sobre anomalias detectadas e mentiu sobre os riscos de rompimento. "Extratos enviados após o ocorrido de 25 de janeiro de 2019 indicam que a empresa não seguia o devido rito legal de reportar as informações de segurança com a devida tempestividade, veracidade e de forma coerente com a realidade", diz o relatório.

[...]

Embora a ANM tenha mudado algumas normas para a segurança de barragens, como proibição das estruturas construídas sob o método de alteamento usado em Brumadinho, a montante (quando a estrutura cresce em forma de degraus para dentro do reservatório utilizando o próprio rejeito), e o monitoramento em tempo real por vídeo nas barragens de alto dano potencial, as próprias mineradoras continuam sendo as responsáveis por dar as informações de segurança sobre suas estruturas. *E, sem estrutura, o órgão fiscalizador nem sempre consegue analisar com profundidade os laudos técnicos que recebe regularmente para checar se as informações ali são reais.*

"A gente pede que [as mineradoras] sejam idôneas e honestas", afirma o diretor do órgão, Eduardo Leão. Ele diz que os fiscais da ANM

> observam se há informações técnicas incongruentes nos documentos fornecidos pelas empresas e que os fiscais são treinados para buscar indícios de irregularidades, mas argumenta que o órgão não tem poder de polícia para apreender documentos internos das empresas, como aqueles que previam os riscos da barragem de Brumadinho e foram encontrados pela Polícia na Vale. "É sempre um grande *risco dessa atividade*, mas não temos autonomia", declara.(165)

A análise realizada pelo MPE e pela FEAM(166) identificou 18 estruturas da Vale S/A que "apresentam ocorrências que devem ser tratadas para evitar prejuízos no funcionamento", sendo que três delas estão em nível 3 de emergência (Sul Superior, B3/B4 e Forquilha III), destacadas em itálico:

1. Barragem Sul Inferior (Barão de Cocais) – Nível 1
2. *Barragem Sul Superior (Barão de Cocais) – Nível 3*
3. Barragem Marés II (Belo Vale) – Nível 1
4. Barragem Santana (Itabira) – Nível 1
5. Barragem Maravilhas II (Itabirito) – Nível 1
6. Barragem Xingu (Mariana) – Nível 2
7. Barragem Vargem Grande (Nova Lima) – Nível 1
8. Dique B (Nova Lima) – Nível 1
9. Barragem Capitão do Mato (Nova Lima) – Nível 2
10. *Barragem B3/B4 (Nova Lima) – Nível 3*
11. Barragem Peneirinha (Nova Lima) – Nível 1
12. Barragem Grupo (Ouro Preto) – Nível 2
13. Barragem Forquilha I (Ouro Preto) – Nível 2
14. Barragem Forquilha II (Ouro Preto) – Nível 2

---

(165) JUCÁ, Beatriz. As 50 barragens em alto risco que mantêm a bomba-relógio da mineração em Minas. *El País*, Brasil, 23 jan. 2020. Grifos nossos.

(166) DEZOITO barragens terão que passar por intervenções após MPMG e governo estadual analisarem 31 estruturas que estão em algum nível de emergência. *Ministério Público do Estado de Minas Gerais*, Notícias, Meio Ambiente, 19 jan. 2022.

15. *Barragem Forquilha III (Ouro Preto) – Nível 3*

16. Barragem Dicão Leste (Catas Altas) – Nível 1

17. Barragem Área IX (Ouro Preto) – Nível 1

18. Dique Paracatu (Catas Altas) – Nível 1[167]

Em coleta de dados realizada em 07/11/2023 pelo Nú*cleo de Gestão de Barragens da FEAM (Nubar/Feam), por meio do Sistema* de Informações de Gerenciamento de Barragens (Sigibar)[168], verificou-se a persistente situação de nível máximo (nível 3 de alerta) das 3 (três) barragens assim classificadas, no período de 2020 a 2022:

Figura 11 — Programa de gestão de barragens

Atualização Feam:	10/10/2023
Total	24
Nível 1	16
Nível 2	5
Nível 3	3

NUM	Empreendedor/ Empreendimento	Nome da Estrutura	MINA	Município da barragem	Nível
22	Arcerlormittal Brasil S/A	Barragem de rejeitos	Mina Serra Azul	Itatiaiuçu	3
23	Vale S/A	Barragem Sul Superior	Mina de Gongo Soco	Barão De Cocais	3
24	Vale S/A	Barragem Forquilha III	Mina de Fábrica	Ouro Preto	3

Em seu *site*, a Agência Nacional de Mineração (ANM) informa o grau de risco de 4 (quatro) das barragens citadas (uma além das listadas acima), que seriam as mais perigosas de Minas Gerais: na cidade de Ouro Preto, duas barragens, Forquilha I e III; na cidade de Barão de Cocais, a barragem Sul Superior; na cidade de Macacos, a barragem da Mina Mar Azul.

Segundo a ANM[169], o grau de risco de Forquilha I, em Ouro Preto, é alto, mas seria nível de emergência 2, conforme se verifica na Figura 12.

(167) DEZOITO barragens terão que passar por intervenções após MPMG e governo estadual analisarem 31 estruturas que estão em algum nível de emergência. *Ministério Público do Estado de Minas Gerais*, Notícias, Meio Ambiente, 19 jan. 2022. Grifos nossos.

(168) FEAM — FUNDAÇÃO ESTADUAL DO MEIO AMBIENTE. *Sistema de Informações de Gerenciamento de Barragens* — Sigibar. Última atualização em 26 de junho de 2023.

(169) ANM — AGÊNCIA NACIONAL DE MINERAÇÃO. *Pesquisar Barragens*. c2022.

Figura 12 — Barragem Forquilha I, em Ouro Preto (MG)

ID Barragem	Barragem de Mineração	Empreendedor	Município	UF	Categoria de Risco - CRI	Dano Potencial Associado - DPA	Inserido na PNSB?	Necessita de PAEBM?	Nível de Alerta e Emergência	Status DCE Atual	Status DCO Atual	Dados Cadastrais
8283	Forquilha I	VALE S.A. - 33.592.510/0001-54	OURO PRETO	MG	Alta	Alto	Sim	Sim	Nível de Emergência 2	2º Campanha 2022 - Não Atestado	Campanha 2022 - Atestado	

Também segundo a ANM(170), o grau de risco de *Forquilha III* é mais alto, *nível de emergência 3*, e cujos dados podem ser visualizados na Figura 13:

Figura 13 — Barragem Forquilha III, em Ouro Preto (MG)

ID Barragem	Barragem de Mineração	Empreendedor	Município	UF	Categoria de Risco - CRI	Dano Potencial Associado - DPA	Inserido na PNSB?	Necessita de PAEBM?	Nível de Alerta e Emergência	Status DCE Atual	Status DCO Atual	Dados Cadastrais
8290	Forquilha III	VALE S.A. - 33.592.510/0001-54	OURO PRETO	MG	Alta	Alto	Sim	Sim	Nível de Emergência 3	2º Campanha 2022 - Não Atestado	Campanha 2022 - Atestado	

De acordo com a ANM(171), o grau de risco da barragem *Sul Superior*, em Barão de Cocais, é alto, *nível de emergência 3*; veja-se a Figura 14:

Figura 14 — Barragem Sul Superior, em Barão de Cocais (MG)

ID Barragem	Barragem de Mineração	Empreendedor	Município	UF	Categoria de Risco - CRI	Dano Potencial Associado - DPA	Inserido na PNSB?	Necessita de PAEBM?	Nível de Alerta e Emergência	Status DCE Atual	Status DCO Atual	Dados Cadastrais
8389	Sul Superior	VALE S.A. - 33.592.510/0001-54	BARÃO DE COCAIS	MG	Alta	Alto	Sim	Sim	Nível de Emergência 3	2º Campanha 2022 - Não Atestado	Campanha 2022 - Atestado	

Por fim, também segundo a ANM(172), o grau de risco da *Mina Mar Azul*, em Nova Lima, é alto, *nível de emergência 3*, conforme a Figura 15:

Figura 15 — Barragem B3/B4, em Nova Lima (MG)

ID Barragem	Barragem de Mineração	Empreendedor	Município	UF	Categoria de Risco - CRI	Dano Potencial Associado - DPA	Inserido na PNSB?	Necessita de PAEBM?	Nível de Alerta e Emergência	Status DCE Atual	Status DCO Atual	Dados Cadastrais
8215	B3/B4	VALE S.A. - 33.592.510/0001-54	NOVA LIMA	MG	Alta	Alto	Sim	Sim	Nível de Emergência 3	2º Campanha 2022 - Não Atestado	Campanha 2022 - Atestado	

A ANM aponta como erro gravíssimo a não implantação, pela Vale S/A, do Plano de Ação de Emergência para Barragens de Mineração (PAEMB) nessas 3 barragens.

Também de acordo com a UFMG o grau de risco da barragem Mina Mar Azul é alarmante:

"Há mais de dois anos levando pânico ao distrito de Macacos (São Sebastião das Águas Claras), em Nova Lima, a barragem B3/B4, da mina Mar Azul, da Vale, começou a ter seus 2,7 milhões de metros cúbicos de rejeitos de minério de ferro removidos. O volume é cerca de um terço do que era contido na barragem

(170) ANM — AGÊNCIA NACIONAL DE MINERAÇÃO. *Pesquisar Barragens*. c2022.

(171) ANM — AGÊNCIA NACIONAL DE MINERAÇÃO. *Pesquisar Barragens*. c2022.

(172) ANM — AGÊNCIA NACIONAL DE MINERAÇÃO. *Pesquisar Barragens*. c2022.

B1, que rompeu na mina do Córrego do Feijão, em Brumadinho, em 2019. Desde então, a B3/B4 está em risco iminente de rompimento, ou nível 3 alerta do Plano de Ações Emergenciais de Barragens de Mineração (PAEBM), o que forçou a remoção de 118 famílias do local e aterrorizou a população que ficou com *alarmes falsos e exercícios de simulação.*

> Outras duas barragens da Vale em Minas estão no nível 3 de alerta: Sul Superior, em Barão de Cocais, e Forquilha III, em Ouro Preto.
>
> O processo de descaracterização, iniciado em novembro do ano passado, é arriscado mas necessário, segundo o coordenador do Manuelzão, Marcus Vinicius Polignano. Consiste em interromper a função de uma barragem de forma permanente, através, inicialmente, da remoção dos rejeitos que ela comportava, drenagem de água da chuva nas obras e reforço estrutural do maciço, além da retirada de material bruto do local. Depois, vem a reintegração do território ao ambiente, monitoramento e controle da estabilidade biológica, averiguação de impactos ambientais.
>
> Ao final das obras, previsto para 2028, a estrutura deve estar totalmente estável e é reincorporada ao relevo e ao meio ambiente.
>
> Reféns da Vale
>
> Não há garantia de retorno das 118 famílias as suas casas, devido aos riscos de cada etapa do processo e às incertezas sobre o resultado final. Essas famílias, agora exiladas de suas casas, estavam em área nas quais a lama da barragem levaria apenas 15 minutos para chegar em caso de rompimento da estrutura, na chamada zona de autossalvamento (ZAS), na qual a responsabilidade pelo deslocamento a uma local seguro é individual, sem possibilidade de resgate por serviços de emergência ou pela defesa civil. Em 2019, a lama de Brumadinho levou menos de meia hora para chegar ao último ponto onde pode ter feito vítimas.[173]

Segundo o CREA/MG, a situação das 3 (três) barragens referidas é crítica:

> Segundo o engenheiro, em abril último a Agência Nacional de Mineração (ANM) atualizou para 910 o número de BRMs no Brasil, sendo

(173) "BOMBA-RELÓGIO": barragem da Vale em Macacos começa a ser esvaziada após dois anos em risco máximo de rompimento. *Projeto Manuelzão*, 7 jul. 2021.

> que apenas 408 já estão devidamente cadastradas na Política Nacional de Segurança de Barragens (PNSB) da Agência. Dessas 408, 217 estão no estado de Minas Gerais, que também sedia cerca de um total de quase 400 barragens. Segundo a ANM, o estado também reúne as três únicas barragens do Brasil em situação de emergência nível 3, quando o rompimento pode ser iminente ou está em curso.(174)

Após duas tragédias socioambientais envolvendo a mesma empresa — a primeira em 05.11.2015, na barragem do Fundão, em Mariana, que foi a maior tragédia (ou melhor, ecogenocídio) *ambiental* do Brasil; e a segunda, em 25.01.2019, que foi a maior tragédia (ou melhor, ecogenocídio) *ambiental do trabalho* do Brasil —, não é crível que a ANM pretenda "confiar" na atuação "segura" da Vale S/A. Pelos dados aqui apresentados, esta empresa não tem, mais uma vez, velado pela função precaucional ambiental (ainda que mínima), defendida por Rosenvald como uma das principais funções da responsabilidade civil:

> [...] o princípio da prevenção nos remete a uma concepção de justiça aristotélica, pautada na virtude e na necessidade do ordenamento de introduzir parâmetros de comportamento desejáveis que devam ser observados generalizadamente. As decisões individuais tomadas hoje não mais se encontram nos estágios Caio x Tício, no qual a intersubjetividade se localiza no tempo e no espaço. Na hipermodernidade, as atividades potencialmente lesivas afetam milhares de pessoas, em dimensão global, podendo mesmo os efeitos danosos alcançar as gerações futuras. Nesse contexto somente uma concepção de justiça voltada à indução da virtude — leia-se aqui, prevenção — será capaz de convidar os atores sociais à adoção de uma justificativa moral para que todos tenham uma "vida boa".(175)

Segundo a Academia Nacional de Engenharia (ANE BRASIL), a situação de Brumadinho 3 (três) anos depois do ecogenocídio se parece com a situação da data da tragédia, 25.01.2019:

> Um dossiê do Ministério Público de Minas Gerais (MPMG), divulgado no último dia 19, *aponta que 18 das 31 estruturas de mineração*

(174) PIMENTEL, Fernanda. Colégio de Entidades Nacionais debate segurança de barragens. *Conselho Federal de Engenharia e Agronomia*, Brasília, 6 de junho de 2022.

(175) FARIAS, Cristiano Chaves de; ROSENVALD, Nelson; BRAGA NETTO, Felipe Peixoto. *Curso de direito civil:* volume 3: responsabilidade civil. 2. ed. rev., ampl. e atual. São Paulo: Atlas, 2015. p. 21.

> *com algum nível de emergência acionado precisam passar por intervenção em suas estruturas.*
>
> O documento reuniu informações sobre a pluviosidade média sobre cada barragem, a existência ou não de plano para o período chuvoso, a performance do sistema de drenagem, as referências a anomalias e patologias registradas, além de ações planejadas de manutenção e monitoramento. O relatório, realizado após o período de fortes chuvas que atingiram o estado neste ano, foi produzido em parceria entre o MP e a Fundação Estadual de Meio Ambiente (Feam), órgão vinculado ao governo de Minas Gerais. As mineradoras foram notificadas no dia 11 de janeiro.
>
> [...]
>
> [O vice-presidente do Comitê Brasileiro de Barragens, Alberto Sayão], lembra que, após Brumadinho, o governo proibiu barragens construídas com o método de alteamento a montante, por ser mais sujeita à liquefação. "Isso foi uma providência para dar uma satisfação à sociedade, porque não chegou a ser muito bem discutida. Não se sabia detalhes. Acho que a decisão foi precipitada do ponto de vista da engenharia, porque a engenharia do Brasil na área de barragem é considerada uma das mais desenvolvidas", ressaltou.
>
> Segundo o especialista, esse tipo de barragem é a mais econômica. Ele explica que agora as mineradoras precisam realizar aportes maiores para investir em um equipamento chamado de filtro prensa, que reduz o volume de água nos rejeitos, ou para optar por outros tipos de estrutura de barragens. "Rejeito não dá lucro. Pelo contrário, é descartável, não interessa à dona da barragem. Por isso, ela tem menos atenção na construção e na manutenção dos detalhes do sistema de drenagem", disse Sayão.[176]

As normativas aprovadas após o ecogenocídio de 25.01.2019 para prevenir novos desmoronamentos não estão sendo cumpridas, nem as barragens estão sendo devidamente fiscalizadas pelo sistema de gestão de barragens da FEAM, cuja competência é definida pela Lei Federal n. 12.334, de 20 de setembro de 2010, que estabeleceu a Política Nacional de Segurança de Barragens (PNSB).

(176) BARRAGENS do Brasil após 3 anos: o que foi feito após desastre em Brumadinho? ANE BRASIL — Academia Nacional de Engenharia, [2022].

Tampouco em âmbito estadual estão sendo feitas as ações devidas pela SEMAD e pela FEAM, determinadas pela Lei Ordinária n. 23.291, de 25 de fevereiro de 2019, que estabelece a Política Estadual de Segurança de Barragens (PESB).

Estão sendo descumpridas a Lei n. 12.334/2010, que, em tese, desencadeou uma série de procedimentos correlacionados à atualização das normas e parâmetros que eram utilizados pelo Estado; a Lei n. 23.291, de 25.02.2019, que instituiu a política estadual de segurança de barragens; e ainda a Resolução Conjunta SEMAD/FEAM n. 2.784, de 21.03.2019, que reforçou a determinação de descaracterização de todas as barragens de contenção de rejeitos e resíduos alteadas pelo método a montante, provenientes de atividades minerárias, existentes em Minas Gerais.

Também há descumprimento do Decreto Estadual n. 48.078[(177)], de 05.11.2020, que regulamentou os procedimentos para análise e aprovação do Plano de Ação de Emergência para Barragens de Mineração (PAEBM), estabelecido no art. 9º da Lei n. 23.291, de 25.02.2019, que instituiu a Política Estadual de Segurança de Barragens; bem como o Decreto Estadual n. 48.140[(178)], de 25.02.2021, que regulamentou os dispositivos da Lei n. 23.291, de 25.02.2019, que instituiu a Política Estadual de Segurança de Barragens, estabelecendo medidas para aplicação do art. 29 da Lei n. 21.972, de 21.01.2016.

Ainda estão sendo violadas a Portaria FEAM n. 678[(179)], de 06.05.2021, que estabeleceu regras para o credenciamento de auditores para a prestação de serviços de auditoria técnica de segurança de barragens no âmbito da Política Estadual de Segurança de Barragens; e a Portaria FEAM n. 679[(180)], de 06.05.2021,

---

(177) MINAS GERAIS. *Decreto n. 48.078, de 05.11.2020*. Regulamenta os procedimentos para análise e aprovação do Plano de Ação de Emergência — PAE, estabelecido no art. 9º da Lei n. 23.291, de 25 de fevereiro de 2019, que instituiu a Política Estadual de Segurança de Barragens. Belo Horizonte: Assembleia Legislativa de Minas Gerais, 2020.

(178) MINAS GERAIS. *Decreto n. 48.140, de 25.02.2021*. Regulamenta dispositivos da Lei n. 23.291, de 25 de fevereiro de 2019, que institui a Política Estadual de Segurança de Barragens, estabelece medidas para aplicação do art. 29 da Lei n. 21.972, de 21 de janeiro de 2016, e dá outras providências. Belo Horizonte: Assembleia Legislativa de Minas Gerais, 2021.

(179) FEAM — FUNDAÇÃO ESTADUAL DO MEIO AMBIENTE. *Portaria FEAM n. 678, de 06 de maio de 2021*. Estabelece regras para o credenciamento de auditores para a prestação de serviços de auditoria técnica de segurança de barragens no âmbito da Política Estadual de Segurança de Barragens e dá outras providências. Belo Horizonte: FEAM, 6 abr. 2021.

(180) FEAM — FUNDAÇÃO ESTADUAL DO MEIO AMBIENTE. *Portaria FEAM n. 679, de 06 de maio de 2021*. Estabelece procedimento a ser seguido para o cadastro e classificação das barragens submetidas à Política Estadual de Segurança de Barragens — PESB e dá outras providências. Belo Horizonte: FEAM, 6 abr. 2021. Disponível em: https://www.siam.mg.gov.br/sla/download.pdf?idNorma=53884. Acesso em: 4 mar. 2024.

que estabeleceu o procedimento a ser seguido para o cadastro e classificação das barragens submetidas à Política Estadual de Segurança de Barragens (PESB).

Por todos os motivos ora apresentados, justifica-se o uso de medidas cautelares no Sistema Interamericano de Proteção dos Direitos Humanos (SIDH) com o propósito de impedir que venham a ocorrer outros ecogenocídios em, pelo menos, 3 (três) barragens da Vale S/A em Minas Gerais que estão em nível de alerta máximo: Forquilha III-Mina de Fábrica (Ouro Preto), Barragem B3/B4-Mina Mar Azul (Nova Lima) e Barragem Sul Superior (Barão de Cocais).

Capítulo 6

O Sistema Interamericano de Proteção dos Direitos Humanos

Após a Segunda Guerra Mundial, houve não só a preocupação mundial de constitucionalização do Direito Processual a fim de torná-lo não só mais perene, mas também infenso aos ataques do legislador ordinário e poderes contingenciais, mas também a necessidade de criação de órgãos e cortes de âmbito internacional(181), o que impactou diretamente o Direito Processual, porque várias de suas garantias passaram a ter caráter de constitucionalidade, internacionalidade, transnacionalidade, expansão e circularidade.

Nessa linha, após a Segunda Guerra Mundial, verificou-se o surgimento de obras de Direito Processual tendo como base matricial a interdependência entre Direito Processual, Constituição e democracia, sendo precursor o argentino Eduardo Juan Couture(182), nos idos de 1940, seguido pelo italiano Pierro Calamandrei(183), em 1954 (produto das reflexos e interações do autor em um curso de inverno, promovido Zamora y Castilho, em 1952, na Universidade Nacional Autônoma do México), e, mais tarde, pelo italiano Nicoló Trocker(184), em 1974.

No âmbito do Direito Internacional, os principais marcos genéricos do pós-guerra foram: 1º) a "norma mater" Declaração Universal de Direitos Humanos (DUDH) (com 30 artigos), promulgada pela Organização das Nações Unidas (ONU) em 10.12.1948; 2º) a Convenção Europeia de Direitos Humanos (com 59 artigos), de 04.01.1950; 3º) o Pacto Internacional dos Direitos Civis e Políticos

---

(181) PIOVESAN, Flávia; FACHIN, Melina Giradi; MAZZUOLI, Valério de Oliveira. *Comentários à Convenção Americana sobre Direitos Humanos*. Rio de Janeiro: Forense, 2019. p. 2.

(182) COUTURE, Eduardo Juan. *Fundamentos del derecho procesal civil*. 3. ed. (póstuma), reimpresión. Buenos Aires: Depalma, 1974.

(183) CALAMANDREI, Piero. *Processo e democracia:* Conferências realizadas na Faculdade de Direito da Universidade Nacional Autônoma do México. 2. ed. rev. Porto Alegre: Livraria dos Advogados, 2018.

(184) TROCKER, Nicoló. *Processo civile e costitucionale:* problemi di diritto tedesco e italiano. Milano: A. Giuffrè, 1974.

(com 53 artigos), adotado pela ONU em 19.12.1966, com entrada no ordenamento jurídico por meio do Decreto n. 592, de 06.07.1992, e seu Protocolo facultativo; 4º) o Pacto Internacional dos Direitos Econômicos Sociais e Culturais (com 31 artigos), adotado pela ONU em 16.12.1966, e acolhido pelo Brasil por meio do Decreto n. 591, de 06.12.1992 e seu Protocolo facultativo; e 5º) a Carta Africana dos Direitos Humanos e dos Povos (com 68 artigos), de 27.07.1981.

Em termos da criação dos organismos internacionais *mundiais,* os principais marcos são: a criação da ONU, da Corte Internacional de Justiça (CIJ), da Organização Internacional do Trabalho (OIT) e do Tribunal Internacional Penal (TPI), entre outros.

Na sequência, surgiram os sistemas internacionais *regionais e cortes regionais,* entre elas o Sistema Interamericano de Proteção dos Direitos Humanos (SIDH), contendo a Comissão Interamericana de Direitos Humanos (CIDH) e a Corte Interamericana de Direitos Humanos (CorteIDH); além da União Europeia (EU), da Corte Europeia de Direitos Humanos (CEDH) e da Corte Africana dos Direitos Humanos e dos Povos (CADHP).

A Convenção Americana de Direitos Humanos (CADH), ou Pacto San José da Costa Rica, de 22.11.1969, é o tratado regente do SIDH, tendo sido ratificada pelo Brasil em 25.09.1992, e incorporado ao ordenamento jurídico brasileiro pelo Decreto n. 678, de 06.11.1992. O SIDH também é composto pelo Protocolo Adicional à CADH em matéria de Direitos Econômicos, Sociais, Culturais e Ambientais (DESCA), de 18.07.1978, ratificado pelo Brasil em 11.11.1998.

Numa análise em perspectiva, ao comparar-se as principais chaves de leituras normativas no Brasil, verifica-se que, em paralelo com os códigos do SIDH, estes são mais concisos: a Constituição Federal do Brasil[(185)] (CF/88) tem 373 artigos (250 de seu corpo principal e 123 dos Atos das Disposições Constitucionais Transitórias (ADCT)[(186)]); o Código de Processo Civil (CPC) tem 1.072 artigos; a Consolidação das Leis do Trabalho (CLT) tem 922 artigos; e o Código Civil (CC) tem 2.046 artigos. As principais normativas do SIDH são: seu *"codex"*, a CADH, com 82 artigos; o Protocolo Adicional à CADH em matéria de Direitos Econômicos, Sociais e Culturais (PADESC), com apenas 22 artigos; a Convenção Interamericana para Prevenir e Punir a Tortura (CIPTT), com 24 artigos; a Convenção Interamericana para Prevenir, Punir e Erradicar a Violência contra

(185) BRASIL. [Constituição (1988)]. *Constituição da República Federativa do Brasil.* Brasília, DF: Presidência da República, [2020].

(186) *Idem.*

a Mulher (CIPPEVC), com 25 artigos; o Estatuto da CIDH, com 26 artigos; o Estatuto da CorteIDH, com 32 artigos; o Regulamento da CIDH (R-CIDH), com 80 artigos e o Regulamento da CorteIDH, com 79 artigos.

Sobre a legislação interna do Brasil supracitada, é importante frisar que ela deve ser somada às normativas do SIDH, que têm aplicação imediata (*self executing*, conforme o art. 2º, do CADH) após a ratificação pelo Brasil dessas normas. Em caso de conflito, a interpretação deve ser sempre regida pelo princípio *pro homine*, considerando-se a pessoa humana, física; e também conforme a Opinião Consultiva (OC) n. 22, de 26.02.2016, da Corte IDH, excepcionalmente dentre as pessoas jurídicas *apenas sindicatos, federações e confederações*, notadamente para fins do art. 8, I, "*a*", do Protocolo Adicional à CADH em matéria de DESCA, art. 3º, CADH.

A interpretação desta junção normativa do Brasil com a do SIDH, pelo art. 29 do CADH, deve ter como chave de leitura o princípio da vedação do retrocesso, ou regresso, princípio "*pro personae*", "*ex parte populi*" e não "*ex parte principis*" (que leva em consideração os interesses do governo), "*effet utile*", ou "efeito Cliquet". Assim, mesmo se o conflito ocorrer entre as normas da SIDH e as normas constitucionais internas do País-Parte, como já declarou o SIDH(187) no precedente *A Última Tentação de Cristo vs Chile* (no qual o Estado do Chile foi responsabilizado por violação ao art. 13 do CADH ao censurar o filme homônimo, ainda que essa censura estivesse baseada na sua jusfundamentalidade), deve prevalecer o "*princípio pro personae*".

Nesse sentido, é preciso transitar da velha chave de leitura do Direito como uma pirâmide normativa hermética, do *State approach,* em que as normas constitucionais estão no ápice e as demais, dependendo da fonte, estão no meio e na base, para outro caráter matricial com permeabilidade, ou seja, o trapézio fundado no *Human rights approach*. Nessa linha, até mesmo as normas constitucionais estão sujeitas ao controle de convencionalidade da CADH, como as normas que conferem autoanistia a torturadores e terroristas, considerados como *inconvencionais* para o SIDH.

No que concerne à internacionalização e expansão das garantias do Direito Processual, o SIDH é pródigo em proteger os direitos processuais, assegurando na CADH, entre os principais direitos civis e políticos, as garantias judiciais (art. 8º), a proteção judicial (arts. 25 e 46), lado a lado com os direitos à vida, à integridade

(187) PIOVESAN, Flávia; FACHIN, Melina Giradi; MAZZUOLI, Valério de Oliveira. *Comentários à Convenção Americana sobre Direitos Humanos*. Rio de Janeiro: Forense, 2019. p. 5.

pessoal, à liberdade pessoal, legalidade, liberdade de consciência e religião, liberdade de pensamento e expressão, liberdade associativa, direito de reunião, família, nome, direitos da criança, nacionalidade, propriedade privada, livre circulação e residência, direitos políticos, econômicos, sociais, culturais, bem como a proibição de escravidão e servidão.

Sobre a *vexata quaestio* da hierarquia dessas normas internacionais ratificadas pelo Brasil, somente após 03/12/2008, com o julgamento do Recurso Extraordinário 466.343, para o STF elas passaram a ter *status* supralegal relativamente as leis ordinárias. E somente após a Emenda Constitucional (EC) n. 45/2004, com a introdução do § 3º no art. 5º da CF/88, as normas internacionais ratificadas passaram a ser consideradas como normas constitucionais, o que foi um erro de interpretação para vários autores(188), porque, desde o momento da ratificação do Estado do Brasil às Convenções internacionais, estas já teriam *status constitucional*, ainda que anteriores à EC n. 45/2004. A razão é que, ao ratificar uma Convenção internacional, o Estado age de forma autolimitadora de sua soberania, e as normas do SIDH se aplicam diretamente e sem necessidade de integração legiferante interna(189).

Interessante notar que em termos não só gerais, mas também específicos do Direito Processual, as normas do SIDH possibilitam o controle externo de convencionalidade pela CorteIDH (inclusive de normas constitucionais), o que se soma ao controle de convencionalidade interno (seja o concentrado do STF, seja o difuso dos órgãos do Poder Judiciário). Caso a normativa interna seja adversatária às do SIDH, pela aplicação do princípio *pro personae* aquela poderá ser inconvencional, inválida. Esta forma interpretativa se harmoniza com o art. 5º, § 2º, da CF/88, que como cláusula de abertura formal e material (art. 5º, § 3º, da CF/88) faz com que as garantias da CF/88 não sejam *numerus clausus*, mas sim tenham viés aberto, criando, na feliz expressão de Sarlet, um "sistema inclusivo e amigo dos direitos fundamentais"(190).

Dentre os principais direitos enumerados na CADH que mais de perto interessam a esta obra estão: os direitos à vida e à integridade física, tanto dos cidadãos em geral, quanto dos empregados e trabalhadores da Vale S/A; e os direitos ambientais (incluindo-se neste o ambiental laboral) previstos no DESCA.

---

(188) *Ibid., loc. cit.*

(189) CIDH — CORTE INTERAMERICANA DE DIREITOS HUMANOS. *Caso Velásquez Rodríguez* vs. *Honduras*. Sentencia de 21 de julio de 1989 (Reparaciones y Costas).

(190) SARLET, Ingo Wolfgang. Art. 5º, § 2º, In: CANOTILHO, J. J. Gomes *et al.* (Coords.). *Comentários à Constituição do Brasil*. 2. ed. São Paulo: Saraiva Educação, 2018. p. 551.

Capítulo 7

Garantias Processuais do SIDH

As garantias processuais da CADH têm implicação direta no Direito Processual do Brasil, tanto através da cláusula de abertura do art. 5, § 3º, CF/88, quanto através da ratificação pelo Brasil da CADH (nessa linha, art. 8, 1 e 2, c/c art. 25 e art. 46, *"a"*, do CADH), caracterizando a CIDH e a Corte IDH como fontes de pesquisa de via externa de acesso à justiça e implicando interfases múltiplas de pesquisa na seara do Direito Processual. O SIDH garante a todos o direito ao meio ambiente sadio, à vida digna, à propriedade e o direito ao *instituto da reparação integral*, que inclui não só as compensações financeiras, mas também a *não repetição dos ilícitos*, o que açambarca não só *as medidas cautelares*, mas também, em alguns casos, a determinação da CIDH e da Corte IDH de alteração de marcos normativos internos dos países, de promoção de políticas públicas. É nesse sentido que vários autores se referem à "vocação transformadora" da Corte IDH.

Nessa linha, foi emblemático o julgamento do processo *Maria da Penha Maia Fernandes vs Brasil*(191), que tramitou 17 (dezessete) anos sem julgamento, o que ensejou a atuação da CIDH. Seguindo a linha de orientações da CIDH, o Brasil avançou nas normativas de combate à violência de gênero com a publicação da Lei n. 11.340/2006 (Lei Maria da Penha, para coibir a violência familiar) e da Lei n. 13.104/2015 (Lei do Feminicídio).

---

(191) "III. POSIÇÕES DAS PARTES A. Posição dos peticionários 10. Asseguram que o Senhor Heredia Viveiros agiu premeditadamente, pois semanas antes da agressão tentou convencer a esposa de fazer um seguro de vida a favor dele e, cinco dias antes de agredi-la, procurou obrigá-la a assinar um documento de venda do carro.. Viveiros tinha um passado de delitos, era bígamo [...] VIII. RECOMENDAÇÕES. A Comissão Interamericana de Direitos Humanos reitera ao Estado Brasileiro as seguintes recomendações: 1. Completar rápida e efetivamente o processamento penal do responsável da agressão e tentativa de homicídio em prejuízo da Senhora Maria da Penha Fernandes Maia. 2. Proceder a uma investigação séria, imparcial e exaustiva a fim de determinar a responsabilidade pelas irregularidades e *atrasos injustificados que impediram o processamento rápido e efetivo do responsável*, bem como tomar as medidasadministrativas, legislativas e judiciárias correspondentes... (CIDH — COMISSÃO INTERAMERICANA DE DIREITOS HUMANOS. Relatório Anual 2000. *Relatório n. 54/01*. Caso 12.051. Maria da Penha Maia Fernandes, Brasil, 4 de abril de 2001. Grifos nossos)

No que concerne às garantias processuais da CADH, Didier Júnior[192] entende que o duplo grau de jurisdição previsto no SIDH é uma garantia apenas para o processo penal, tendo em vista que no art. 8, 2, H, da CADH, a previsão de julgamento por um órgão superior consta *nas garantias do acusado*[193] *de um delito*. Porém, para Piovesan, Fachin e Mazzuoli[194], as garantias do art. 8, 2, da CADH aplicam-se a "quaisquer procedimentos estatais"; nesse mesmo sentido esta obra entende que a leitura sistêmica do art. 8, 2, "*h*", c/c os arts. 25 e 46, "*a*", da CADH garante a aplicação dos direitos prevista nesta Convenção, *na maior extensão possível*, em qualquer tipo de processo. Isso porque há casos em que, pelo fato de a competência originária ser, por exemplo, no caso do Brasil, do pleno do STF, não há como garantir-se que o recurso seja julgado por um órgão superior, mas o SIDH aceita que o julgamento possa ser levado ao pleno do próprio órgão. De toda forma, há um somatório de direitos das normativas internas de cada país com as do SIDH, pelo que, no caso do Brasil, o duplo grau estaria garantido (nas premissas acima delimitadas) dentro do devido processo legal, art. 5, inc. XL, inc. LIV, inc. LV, bem como no art. 93.

O princípio da legalidade é garantido pelo SIDH, como comando que também se aplica ao Executivo (*mutatis mutandis*, princípio da isonomia no Direito Processual), que, aliás, não teve como primeiro antecedente histórico a *Magna Charta Libertatum-1215*, da Inglaterra, e sim o *Édito de Conrado II, Alemanha Feudal-1037*, garantindo que até mesmo o imperador tinha de se submeter à lei; ver nesse sentido Didier Júnior[195]; Nunes, Bahia e Pedron[196].

No que concerne ao devido processo legal, a CADH veda os tribunais e juízes de exceção, conforme seu art. 8, 1, garantindo-se que o julgamento seja feito por um juiz ou tribunal competente, independente e imparcial, estabelecido anteriormente por lei, o que se harmoniza com o art. 5º, XXXVII, CF/88.

---

(192) DIDIER JÚNIOR, Fredie. *Curso de direito processual civil:* v. 3. Meios de impugnação às decisões judiciais e processo nos tribunais. 17. ed. rev., atual., e ampl. Salvador: JusPodivm, 2020. p. 124-125.

(193) "Art. 8. Garantias judiciais [...] 2. *Toda pessoa acusada de delito* tem direito a que se presuma sua inocência enquanto não se comprove legalmente sua culpa. Durante o processo, toda pessoa tem direito, em plena igualdade, às seguintes garantias mínimas: h. direito de recorrer da sentença para juiz ou tribunal superior." (OEA – ORGANIZAÇÃO DOS ESTADOS AMERICANOS. Convenção Americana de Direitos Humanos. Assinada na Conferência Especializada Interamericana sobre Direitos Humanos, "Pacto de San José de Costa Rica". San José, Costa Rica, em 22 de novembro de 1969. Grifo nosso)

(194) PIOVESAN, Flávia; FACHIN, Melina Giradi; MAZZUOLI, Valério de Oliveira. *Comentários à Convenção Americana sobre Direitos Humanos*. Rio de Janeiro: Forense, 2019. p. 127, 133, 150-152.

(195) DIDIER JÚNIOR, Fredie. *Curso de direito processual civil:* v. 1. Teoria geral do processo e processo de conhecimento. 22. ed. rev., atual., e ampl. Salvador: JusPodivm, 2020. p. 93.

(196) NUNES, Dierle; BAHIA, Alexandre; PEDRON, Flávio. *Teoria geral do processo*. 2. ed. rev., atual. e ampl. Salvador: JusPodivm, 2021. p. 390.

A garantia de um julgamento "sem demora" do preso, e, em geral, a garantia de duração do processo dentro de "um prazo razoável", já se encontravam previstos na CADH, arts. 8, 1, e 8, 2, e acabaram influenciando a mudança na jusfundamentalidade do Brasil implicando alteração do art. 5, LXXIV, CF/88.

Há também a garantia de existência de recursos simples, rápidos e efetivos, (art. 8.1, art. 25.1 e art. 46.2, *"a"* (duração razoável do processo) do CADH), até porque neste caso não há necessidade de esgotamento dos recursos segundo as normativas internas de cada país, se houver demora injustificada no julgamento dos recursos. Os elementos capazes de aferir a duração razoável do processo já foram traçados pela CADH no julgamento do *Caso Genie Lacayo vs Estado da Nicarágua*(197), mediante três grandes angulações, algumas endógenas e outras exógenas: 1º) a complexidade da matéria discutida, número de partes, complexidade de provas e recursos; 2º) qual foi a atividade processual dos interessados e de terceiros; 3º) qual foi a conduta das autoridades (se houve dolo, ou culpa destes na mora processual). Saliente-se que a segunda angulação não será importante em casos especialmente graves, que demandam atuação de ofício do Estado, independente das partes, tais como escravidão e tortura.

Após o julgamento do *Caso Vale Jeramilho* vs. *Colômbia*(198), passou-se a adotar um quatro critério na verificação da duração razoável do processo, o impacto do transcurso do fator tempo sobre a situação jurídica das partes interessadas. Também nos processos *Favela Nova Brasília* vs. *Brasil*(199), *Povo Indígena Xucuru* vs. *Brasil*(200) e *Comunidade Indígena Xábmok Kásek* vs. *Paraguai*(201) este precedente foi considerado.

---

(197) CIDH — COMISSÃO INTERAMERICANA DE DIREITOS HUMANOS. *Caso da Comunidade Mayagna (Sumo) Awas Tingni* vs. *Nicarágua*. Sentença de 31 de agosto de 2001.

(198) PIOVESAN, Flávia; FACHIN, Melina Giradi; MAZZUOLI, Valério de Oliveira. *Comentários à Convenção Americana sobre Direitos Humanos*. Rio de Janeiro: Forense, 2019. p. 116-117.

(199) CIDH — COMISSÃO INTERAMERICANA DE DIREITOS HUMANOS. *Caso Favela Nova Brasília* vs. *Brasil*. Sentença de 16 de fevereiro de 2017.

(200) CIDH — COMISSÃO INTERAMERICANA DE DIREITOS HUMANOS. *Caso do Povo Indígena Xucuru e seus Membros* vs. *Brasil*. Sentença de 5 de fevereiro de 2018.

(201) CIDH - COMISSÃO INTERAMERICANA DE DIREITOS HUMANOS. *Caso da Comunidade Indígena Xákmok Kásek* vs. *Paraguai*. Sentença de 24 de agosto de 2010.

Capítulo 8

Ausência de Denúncia do Ecogenocídio no SIDH

Relativamente ao ecogenocídio de 25.01.2019, apesar de ter sido alardeado em alguns veículos de imprensa no Brasil[202] que tinha havido denúncia em face do Brasil perante o SIDH, não se encontrou qualquer denúncia relativamente a ele.

A seguir, são informados todos os processos constantes do relatório da SIDH de 2019 até 11.02.2024, tanto perante a CIDH, quanto na CorteIDH, incluindo-se denúncias e medidas cautelares.

Em 2019, foram apresentados 13 (treze) denúncias em face do Brasil, sendo 10 (dez) admitidas e 03 (três) de juízo de inadmissibilidade[203]. Analisando uma a uma, verifica-se que entre alas não se encontra a denúncia do Brasil em face do ecogenocídio de 2019, contrariando[204] as notícias trazidas pela

---

(202) "Sociedade civil denuncia Vale na Comissão Interamericana de Direitos Humanos. Grupos apresentaram 13 medidas a serem tomadas pelo Estado brasileiro contra postura da mineradora em relação aos crimes. Motivados pela ausência de respostas efetivas para os crimes praticados pela mineradora Vale, com o rompimento das barragens do Fundão, em Mariana (MG) e do Córrego do Feijão, em Brumadinho (MG), membros da sociedade civil levaram denúncias para o 172º Período de Sessão da Comissão Interamericana de Direitos Humanos (CIDH). A audiência aconteceu nesta quinta-feira (9), em Kingston, na Jamaica. CAETANO, Bruna. Sociedade civil denuncia Vale na Comissão Interamericana de Direitos Humanos. *Brasil de Fato*, 10 maio 2019.)

(203) OEA — ORGANIZAÇÃO DOS ESTADOS AMERICANOS. Comissão Interamericana de Direitos Humanos. *Relatórios de Inadmissibilidade*. Todos os Estados Membros. 2019.

(204) "Motivados pela ausência de respostas efetivas para os crimes praticados pela mineradora Vale, com o rompimento das barragens do Fundão, em Mariana (MG) e do Córrego do Feijão, em Brumadinho (MG), membros da sociedade civil levaram denúncias para o 172° Período de Sessão da Comissão Interamericana de Direitos Humanos (CIDH). A audiência aconteceu nesta quinta-feira (9), em Kingston, na Jamaica. Apesar do lucro líquido de R$ 25,6 bilhões em 2018, a mineradora se comprometeu a pagar apenas R$ 998 para cada adulto de Brumadinho durante um ano, além de ainda não ter promovido um processo reparatório efetivo. Até hoje, nenhuma casa foi construída outra denúncia presente foi a de conivência do Estado brasileiro com as práticas da empresa. "Essa relação íntima é responsável por inúmeras violações contra trabalhadores, comunidades e meio

imprensa brasileira(205). Foram três as denúncias em face do Brasil com juízo de inadmissibilidade pela CIDH em 2019:

- Relatório no. 81/19, Petição 597-07, Josué Luís Zaar
- Relatório n. 38/19, Petição 384-07, Antonio Reinaldo Peixoto Pereira
- Relatório n. 25/19, Petição 1643-07, Jacqueline Simone de Souza e Silva Ferreira

Dos casos apresentados em 2019 em face do Brasil constam que apenas 10 (dez) deles tiveram juízo positivo de admissibilidade na CIDH(206), e dentre estes não se encontra denúncia em face do Brasil decorrente do genocídio de 2019:

- Informe n. 4/19, Petición 673-11, Fernando Alcântara de Figueiredo y Laci Marinho de Araújo (Brasil)
- Informe n. 31/19, Petición 570-09, Edivaldo Barbosa de Andrade e outros
- Informe n. 32/19, Petición 1228-08, Hindenburgh de Melo Rocha e outros
- Informe n. 37/19, Petición 354-10, Elizsabeth Semann e hijos (Brasil)
- Informe n. 44/19, Petición 1185-08, Gerson Mendonça de Freitas Filho
- Informe n. 70/19, Petición 858-09, Luiz José da Cunha e Família, (Brasil)
- Informe n. 117/19, Petición 833-11, Trabajadores liberados de la hacienda Boa-Fé Caru (Brasil)

---

ambiente", apontou a representante da Justiça Global durante a sessão. De acordo com ela, isenções tributárias, royalties baixos e Estado como acionista são alguns dos privilégios que a Vale dispõe [...]" (CAETANO, Bruna. Sociedade civil denuncia Vale na Comissão Interamericana de Direitos Humanos. *Brasil de Fato*, 10 maio 2019)

(205) "O Estado Brasileiro enfrentará, nesta quinta-feira (09), uma denúncia internacional sobre a sua responsabilidade no rompimento da barragem em Brumadinho, bem como sobre a negligência no monitoramento e fiscalização do risco e da segurança das barragens de rejeitos do país. A audiência será realizada perante a Comissão Interamericana de Direitos Humanos (CIDH/OEA), às 13h20, horário de Brasília. Nela, o Estado terá que explicar o estado de calamidade instaurado no setor minerário brasileiro, levando ao assombroso rompimento de duas barragens de rejeitos em menos de quatro anos, com irremediável perda de centenas de vidas humanas e brutais impactos socioambientais..." (BRASIL É DENUNCIADO por rompimento em Brumadinho e negligência na fiscalização de barragens. *Justiça Global*, 8 de maio de 2019)

(206) OEA — ORGANIZAÇÃO DOS ESTADOS AMERICANOS. Comissão Interamericana de Direitos Humanos. *Relatórios de Admissibilidade*. Brasil. 2019.

- Informe n. 128/19, Petición 1174-09, José Rafael Brezer y otros (Brasil)
- Informe n. 227/19, Petición 1500-12, Charles Eduardo Macedo (Brasil)
- Informe n. 228/19, Petición 1056-12, Brigido Ibanhes y Elisangela dos Santos de Souza Ibanhes (Brasil)

Em 2020, não constam denúncias com inadmissibilidade(207) em face do Brasil, apenas 10 (dez) denúncias admitidas(208), mas nestas não se encontra a denúncia em face do Brasil sobre o ecogenocídio de 2019:

- Relatório n. 338/20, Petição 1156-15, V.L.L. e Outras
- Relatório n. 337/20, Petição 993-13, Kérika de Souza Lima e familiares
- Relatório n. 226/20, Petição 32-07, Márcio Antônio Maia de Souza e familiares
- Relatório n. 148/20, Petição 1017-08, Pessoas Privadas de Liberdade na Carceragem da Polinter-Neves
- Relatório n. 131/20, Petição 90-11, Comunidade Tradicional de Agricultores e Pescadores Artesanais dos Areais da Ribanceira
- Relatório n. 117/20, Petição 457-09, Margareth Figueiredo Alves
- Relatório n. 116/20, Petição 221-12, Claudio Rogério Rodrigues da Silva
- Relatório n. 115/20, Petição 562-11, José Carlos da Silva e seus Familiares
- Relatório n. 112/20, Petição 606-10, Jorge Vieira da Costa e Família
- Relatório n. 70/20, Petição 2326-12, Jonatan Souza Azevedo

Em 2021, constam 2 (duas) denúncias contra o Brasil com inadmissibilidade declarada pela CIHD(209) e 10 (dez) denúncias admitidas(210). Analisando

(207) OEA — ORGANIZAÇÃO DOS ESTADOS AMERICANOS. Comissão Interamericana de Direitos Humanos. *Relatórios de Inadmissibilidade*. Todos os Estados Membros. 2020.

(208) OEA — ORGANIZAÇÃO DOS ESTADOS AMERICANOS. Comissão Interamericana de Direitos Humanos. *Relatórios de Admissibilidade*. Todos os Estados Membros. 2020.

(209) OEA — ORGANIZAÇÃO DOS ESTADOS AMERICANOS. Comissão Interamericana de Direitos Humanos. *Relatórios de Inadmissibilidade*. Todos os Estados Membros. 2021.

(210) OEA — ORGANIZAÇÃO DOS ESTADOS AMERICANOS. Comissão Interamericana de Direitos Humanos. *Relatórios de Admissibilidade*. Brasil. 2021.

uma a uma das admitidas, verifica-se que entre elas não se encontra a denúncia do Brasil em face do ecogenocídio de 2019, também contrariando as notícias divulgadas pela imprensa brasileira:

- Relatório n. 420/21 (espanhol), Petição 1564-14, J.Z y S.Z
- Relatório n. 419/21 (espanhol), Petição 1675-13, Paulo Roberto Moura e Isabela Silveira
- Relatório n. 418/21, Petição 759-13, Cecy Tigre
- Relatório n. 360/21, Petição 1111-12, Elias Gonçalves de Meura e outros
- Relatório n. 358/21, Petição 724-13, Daniel Nitzsche Starling
- Relatório n. 357/21, Petição 1091-10, Tania Suely dos Santos Calixto
- Relatório n. 341/21, Petição 441-10, Pessoas Privadas de Liberdade em Cadeias Públicas de Minas Gerais
- Relatório n. 240/21, Petição 1204-10, Comunidade Quilombola Saco das Almas
- Relatório n. 168/21, Petição 906-16 , Fábio de Jesús Ribeiro
- Relatório n. 155/21, Petição 151-15, Marcos Rebello Filho e outros

Em 2022, não houve petições inadmitidas em face do Brasil(211), e 6 (seis) as petições admitidas(212) contra o Brasil:

- Relatório n. 325/22, Petição 570-14, Rosa Bezerra da Silva
- Relatório n. 132/22, Petição 1789-10, Getúlio Garcia e outros
- Relatório n. 124/22, Petição 1657-13, Elmar Bones da Costa
- Relatório n. 106/22, Petição 2179-12, Adalberto Araújo e outros
- Relatório n. 81/22, Petição 1450-09, Comunidade Quilombola da Ilha de Marambaia

---

(211) OEA — ORGANIZAÇÃO DOS ESTADOS AMERICANOS. Comissão Interamericana de Direitos Humanos. *Relatórios de Inadmissibilidade*. Todos os Estados Membros. 2022.

(212) OEA — ORGANIZAÇÃO DOS ESTADOS AMERICANOS. Comissão Interamericana de Direitos Humanos. *Relatórios de Admissibilidade*. Brasil. 2022.

- Relatório n. 2/22, Petição 1604-13, Membros da carteira de previdência dos advogados do IPESP

Em 2023, a CIDH recebeu 12 denúncias contra o Estado brasileiro, inadmitindo[(213)] 4 (quatro) e admitindo[(214)] 8 (oito) delas, nenhuma das quais dizia respeito ao ecogenocídio de 2019, como se pode ver da lista a seguir:

- Relatório n. 336/23, Petição 721-14, José Dirceu de Oliveira e Silva
- Relatório n. 300/23, Petição 2416, Martha M. Gonzalez
- Relatório n. 279/23, Petição 825-15, José Cristian Góes
- Relatório n. 277/23, Petição 6-15, Julio César dos Santos e outros
- Relatório n. 275/23, Petição 631-11, Breno Fischberg e Enivaldo Quadrado
- Relatório n. 232/23, Petição 1329-15, Comunidade de Cujubinzinho
- Relatório n. 97/23, Petição 522-14, José Roberto Salgado, Kátia Rabello e Vinícius Samarane
- Relatório n. 79/23, Petição 1388-14, Márcio José Sabino Pereira e familiares

Até 1º.02.2024, a CIDH[(215)] não tinha divulgado dados relativos ao ano de 2024, tampouco as denúncias apresentadas contra o Estado brasileiro.

No que concerne às medidas cautelares (MCs) apresentadas ao SIDH contra o Brasil, tampouco se contemplou algum caso que envolvesse o ecogenocídio de 2019:

- Em 2019[(216)], foram pleiteadas três MCs *vs.* Brasil: MC 458/2019, MC 379/19 e MC 1450/18

(213) OEA — ORGANIZAÇÃO DOS ESTADOS AMERICANOS. Comissão Interamericana de Direitos Humanos. *Relatórios de Inadmissibilidade*. Brasil. 2023.

(214) OEA — ORGANIZAÇÃO DOS ESTADOS AMERICANOS. Comissão Interamericana de Direitos Humanos. *Relatórios de Admissibilidade*. Brasil. 2023.

(215) OEA — ORGANIZAÇÃO DOS ESTADOS AMERICANOS. Comissão Interamericana de Direitos Humanos. *Relatórios de Inadmissibilidade*. Brasil. 2023.

(216) OEA — ORGANIZAÇÃO DOS ESTADOS AMERICANOS. Comissão Interamericana de Direitos Humanos. *Medidas Cautelares*: Outorgamentos e extensões. Brasil, 2019.

- Em 2020(217), foram pleiteadas quatro MCs *vs.* Brasil: MC 679/20, MC 1211/19, MC 563/20 e MC 888/19
- Em 2021(218), foram pleiteadas duas MCs *vs.* Brasil: MC 869/20 e MC 754/20
- Em 2022(219), foram pleiteadas cinco MCs *vs.* Brasil: MC 449/22, MC 888/19 (Resol. 58/22, ampliação da anterior), MC 517/22, MC 408/22 e MC 449/22
- Em 2023(220), foram pleiteadas duas MCs *vs.* Brasil: MC 61/23 e MC 938/22

Finalmente, até 1º.02.2024, o SIDH não apresentou dados relativos a medidas cautelares ajuizadas em face do Brasil nesse mesmo ano.

(217) OEA — ORGANIZAÇÃO DOS ESTADOS AMERICANOS. Comissão Interamericana de Direitos Humanos. *Medidas Cautelares*: Outorgamentos e extensões. Brasil, 2020.

(218) OEA — ORGANIZAÇÃO DOS ESTADOS AMERICANOS. Comissão Interamericana de Direitos Humanos. *Medidas Cautelares*: Outorgamentos e extensões. Brasil, 2021.

(219) OEA — ORGANIZAÇÃO DOS ESTADOS AMERICANOS. Comissão Interamericana de Direitos Humanos. *Medidas Cautelares*: Outorgamentos e extensões. Brasil, 2022.

(220) OEA — ORGANIZAÇÃO DOS ESTADOS AMERICANOS. Comissão Interamericana de Direitos Humanos. *Medidas Cautelares*: Outorgamentos e extensões. Brasil, 2023.

Capítulo 9

Medidas Cautelares e o SIDH

Tanto o rompimento da barragem do Fundão (da empresa Vale S/A e da Samarco) em 05.11.2015, quanto da barragem B1-Mina do Córrego do Feijão (da Vale S/A), em 25.11.2019, são "tragédias-crimes" que provocaram a propositura de inúmeros processos individuais; só de acordos individuais indenizatórios foram 23.000 (vinte e três mil[221]), além de processos coletivos e multitudinários (relativos à multidão) como sinônimo de litisconsórcio multitudinário.

Porém estas ações não foram suficientes para garantir o princípio da prevenção ambiental porque, como já descrito no Capítulo 6 desta obra, para Rosenvald[222] e Schreiber[223], a responsabilidade civil tem pelo menos três grandes funções: reparatória (compensatória, ou indenizatória, *restitutio in integrum*), punitiva (*punitive damages*) e *preventiva ou inibitória*. Relativamente a esta última função, para Oliveira[224], as normativas, inclusive da OIT, na Convenção n. 155, item 4[225], adotam o princípio do risco mínimo regressivo, retenção do risco na fonte, implicando, ao tratar-se de meio ambiente laboral, mais da sua proteção, havendo necessidade de conjugação: *primeiro, prevenção; segundo fiscalização; terceiro, sanção.*

Esta função precaucional não foi minimamente alcançada, porque há, atualmente, 3 (três) barragens ativas da Vale S/A *com risco 3 (três), risco máximo* de

---

(221) BRUMADINHO tem mais de 23 mil acordos de indenização fechados. *Portal da Cidade de Brumadinho*, Notícias, 24 jan. 2024.

(222) ROSENVALD, Nelson, Por uma tipologia aberta dos danos extrapatrimoniais. *Migalhas*, Migalhas de Responsabilidade Civil, 23 abr. 2020.

(223) SCHREIBER, Anderson. *Novos paradigmas da responsabilidade civil:* da erosão dos filtros da reparação à diluição dos danos. 6. ed. São Paulo: Atlas, 2015. p. 211-212.

(224) OLIVEIRA, Sebastião Geraldo de. O dia nacional das vítimas de acidentes do trabalho e o imperativo da prevenção. In: SOUZA, Adriana Augusta de Moura *et al.* (Coords.). *Grandes Acidentes do Trabalho no Brasil* – repercussões jurídicas e abordagem multidisciplinar. Belo Horizonte: RTM, 2021. p. 21–22.

(225) *Ibiem*, p. 41.

rompimento, em Minas Gerais: *Forquilha III-Mina de Fábrica (na cidade de Ouro Preto), barragem B3/B4-Mina Mar Azul (na cidade de Nova Lima) e Barragem Sul Superior (na cidade de Barão de Cocais).* Tal situação indica o cometimento de *atos pluriofensivos, novamente, aos direitos de meio ambiente* (e ambientais laborais), *além dos direitos "greening"* (esverdeamento) e proteção ambiente em ricochete, por via reflexa), como risco à vida, à integridade pessoal, não só de cidadãos, mas também e sobretudo do direito à vida, saúde e integridade física dos empregados e trabalhadores da empresa, além do direito propriedade. Por este motivo, este capítulo irá discorrer sobre a necessidade do uso de medidas cautelares (MCs) perante o SIDH, por agressões ao CADH e seu Protocolo DESCA.

A interconectividade entre o direito ao meio ambiente, amplo e complexo (incluindo-se neste o meio ambiente *laboral) saudável, seguro*, bem como *outros direitos, como a vida*[(226)]*, a saúde e a propriedade*), implica a necessidade global da proteção ambiental (seja como direito de terceira ou quarta dimensão ou geração, morfologia inicialmente defendida, como "ordem de surgimento em linha", notadamente por Marshall[(227)], mas que tem sido criticada[(228)]). Para uma proteção ambiental eficaz, ela deve ocorrer não só para além das regras *soft law*[(229)] (regras morais ou sem sanção), mas também para além das fronteiras nacionais, implicando internacionalização[(230)].

---

(226) TRINDADE, Antônio Augusto Cançado. *Direitos humanos e meio-ambiente:* paralelo dos sistemas de proteção internacional. Porto Alegre: Sergio Antonio Fabris, 1993. p. 196.

(227) MARSHALL, Thomas Humphrey. *Cidadania, classe e* status *social.* Rio de Janeiro: Zahar, 1967. Em síntese este autor defende que há uma ordem na conquista de direitos, primeiro seriam os individuais, civis, depois os políticos e depois os sociais.

(228) "A vetusta classificação de direitos civis e políticos, como de primeira geração, os econômicos, socais e culturais como segunda e os de solidariedade como de terceira têm sofrido críticas, sobretudo por uma questão de sucessão temporal e decadência." (NASCIMENTO E SILVA, G. E.; ACCIOLY, Hildebrando. *Manual de direito internacional público.* 15. ed. rev. e atual. São Paulo: Saraiva, 2002. p. 366.) Conferir ainda: ALSTON, Philip. Conjuring up new human rights: a proposal for quality control. *American Journal of International Law*, vol. 78, i. 3, p. 607-621, 1984; BOYLE, Alan. The role of international human rights law in the protection of the environment. In: ANDERSON, Michael R.; BOYLE, Alan E. (Eds.). *Human rights approaches to environmental protection.* Oxford: Oxford University Press, 1996. p. 43-70; TRINDADE, Antônio Augusto Cançado. Os direitos humanos e o meio ambiente. In: SYMONIDES, Janusz (Org.). *Direitos humanos:* novas dimensões e desafios. Brasília: Unesco Brasil, Secretaria Especial dos Direitos Humanos, 2003. p. 161–164; e SHELTON, Dinah L.; KISS, Alexandre. *Guide to International Environmental Law.* Leiden; Boston: Martinus Nijhoff Publishers, 2007. p. 237.

(229) CHINKIN, Christine M. The challenge of soft law: development and change in international law. *The International and Comparative Law Quarterly*, vol. 38, i. 4, Oct. 1989, p. 850-866.

(230) TRINDADE, Antônio Augusto Cançado. Os direitos humanos e o meio ambiente. *In*: SYMONIDES, Janusz (org.). *Direitos humanos:* novas dimensões e desafios. Brasília: Unesco Brasil, Secretaria Especial dos Direitos Humanos, 2003. p. 166-167.

Nessa linha, na doutrina tem sido defendido o *greening* (esverdeamento) e a proteção ambiente em ricochete, ou por via reflexa:

> A técnica da proteção ambiental pela via reflexa (ou "por ricochete") se desenvolve a partir da concepção de que dentro da estrutura do atual direito internacional do meio ambiente, a proteção da biosfera mostra-se eficaz por intermédio da indireta, porém, necessária proteção dos seres humanos. Isto porque, a concepção de que o meio ambiente por si só já configura um direito a ser protegido mostra-se pouco eficaz à medida que no âmbito internacional os chamados direitos de solidariedade estão envoltos num sistema de monitoramento extremamente frágil. *Segundo Cançado Trindade, há direitos "que simplesmente não podem ser reivindicados diante de um tribunal por seus sujeitos ativos (titulares)". Portanto, para que tal situação não ocorra ao meio ambiente, a abordagem mais apropriada caminha no sentido de se buscar um esverdeamento (ou* "greening"*) dos mecanismos de proteção aos direitos civis, políticos, econômicos, sociais e culturais já existentes.*
>
> Assim, o direito ao meio ambiente adquire duas dimensões: uma individual e outra coletiva. No âmbito individual, a garantia ao meio ambiente sadio se faz presente nas relações verticais e horizontais. Por obrigatoriedade de garantias ambientais nas relações verticais devemos entender aquelas que envolvem o Estado e os indivíduos. Assim, a relação vertical envolve o convívio de um indivíduo ou grupos de indivíduos com instrumentos legais estatais voltados à proteção de recursos naturais e à garantia de direitos civis e políticos como o acesso à informação e a participação na gestão de bens ambientais.43 No âmbito horizontal, a proteção ao meio ambiente surge da aplicação do *"Drittwirkung"* ou *"third party effect"*. O *Drittwirkung* implica na eficácia dos direitos fundamentais não só na relação entre indivíduos e Estado, mas também no âmbito das relações entre particulares.[231]

Assim , além de o SIDH garantir a proteção pela via direta ao direitos ao meio ambiente sadio, conforme o art. 11 do Protocolo Adicional DESCA, também garante em ricochete (esverdeamento — *greening*) a proteção do direito à

(231) MAZZUOLI, Valerio de Oliveira; TEIXEIRA, Gustavo de Faria Moreira. O direito internacional do meio ambiente e o *greening* da Convenção Americana sobre Direitos Humano. *Anuario Mexicano de Derecho Internacional*, México, D.F., vol. XIII, p. 145-203, 2013. Grifos nossos.

vida (art. 4), a honra (art. 11), os direitos da criança (art. 19), o direito à propriedade privada (art. 21) e os direitos trabalhistas (art. 6), a segurança e higiene no trabalho (art. 7/11) e a saúde dos trabalhadores (art. 10), todos do Protocolo Adicional DESCA, que constou expressamente na Resolução n. 12/1985, SIDH, do *Caso Povo Yanomami vs Brasil*:

> III. O *GREENING* DA CONVENÇÃO AMERICANA SOBRE DIREITOS HUMANOS
>
> Cerca de três anos após o primeiro caso de temática ambiental a ser analisado pela Comissão Interamericana — a Resolução n. 12/85 do povo Yanomami *vs.* Brasil — em 17 de novembro de 1988 o Protocolo Adicional à Convenção Americana sobre Direitos Econômicos, Sociais e Culturais, o chamado Protocolo de San Salvador, inseriu no rol de proteção da Convenção Americana uma série de direitos sociais como direitos ao trabalho, à organização sindical, à alimentação, à educação, acesso à cultura, proteção da família, à criança, aos idosos e aos deficientes.
>
> A proteção ao meio ambiente é assegurada por seu art. 11 nos seguintes termos: "1. Toda pessoa tem direito a viver em ambiente sadio e a contar com os serviços públicos básicos. 2. Os Estados- Partes promoverão a proteção, preservação e melhoramento do meio ambiente". O acesso ao sistema interamericano de casos relativos ao "direito a um meio ambiente sadio" e à garantia dos direitos econômicos, sociais e culturais é regulado pelo art. 19.1 do Protocolo de San Salvador, que estabelece um mecanismo de envio à OEA por seus Estados-partes de relatórios sobre suas políticas sobre os citados temas.(232)

A evolução da jurisprudência do SIDH *em matéria ambiental desvinculada do temário indígena ocorreu em 2009*(233), ao admitir na CIDH o caso da contaminação do meio ambiente pela poluição de um complexo metalúrgico na cidade de La Oroya, com 30 mil habitantes e a cerca de 175 km de Lima, Peru, ainda sem

(232) SILVA, Tédney Moreira da; VIEIRA, Héctor Luís Cordeiro; CARVALHO, José Lucas Santos. O Direito à Saúde dos Povos Indígenas e os Desafios da Perpetuidade da Política Indigenista Integracionista no Brasil. *Direito Público*, Brasília, v. 17, n. 96, p. 279-307, nov./dez. 2021.

(233) SPIELER, Paula. The La Oroya case: the relationship between environmental degradation and human rights violation. *Human Rights Brief*, vol. 18, i. 1, p. 19-23, 2010. p. 19.

decisória. Um caso já julgado pela CorteIDH foi o *Claude Reyes e outros vs Chile*[(234)], com procedência do pedido.

Conforme já abordado no Capítulo 3, um dos vieses do princípio da proteção ambiental e da reparação integral é seu aspecto prevencionista aos danos causados ao meio ambiente (incluindo-se o meio ambiente do trabalho), que dialoga com o princípio da não repetição[(235)], abordado como uma das vertentes da desmonetização, ou despatrimonialização[(236)], implicando, entre outras medidas, a adoção de tutelas inibitórias. Enquanto no CPC estas medidas têm a terminologia de "tutelas preventivas de urgência" (arts. 300 a 310), no SIDH elas têm, em regra, denominação de "medidas cautelares" (MCs).

Ainda não tratando do Brasil, a CIDH e a CorteIDH expediram, entre 2003 e 2010, ao Equador três MCs no *Caso Povo Indígena Kichwa de Sarayacu e seus membros* vs. *Equador*, relativo à concessão de terras indígenas para exploração petrolífera. Sem anuência da comunidade afetada, o caso foi marcado por episódios como destruição de florestas, interrupção do curso de um rio, uso de explosivos em terras tradicionais, além de ataques de arma de fogo, agressões, ameaças, prisões ilegais, abusos sexuais e torturas contra os Kichwa.[(237)]

O papel vanguardista do SIDH na aplicação de medidas inibitórias é notável[(238)]. entre os casos de condenação do Brasil são de relevo os *Casos Ximenes Lopes* vs. *Brasil*[(239)], seguido por *Damião Ximenes Lopes* vs. *Brasil*, *Povo Indígena*

(234) *Caso Claude Reyes y otros vs Chile*, Sentença de 19 de setembro de 2006, série C, no. 151. Cf. MAZZUOLI, Valerio de Oliveira; TEIXEIRA, Gustavo de Faria Moreira. O direito internacional do meio ambiente e o *greening* da Convenção Americana sobre Direitos Humano. *Anuario Mexicano de Derecho Internacional*, México, D. F., vol. XIII, p. 145-203, 2013. p. 269-275.

(235) PIOVESAN, Flávia; CRUZ, Julia Cunha. *Curso de direitos humanos:* sistema interamericano. Rio de Janeiro: Forense, 2021. p. 2.015-2.016.

(236) A decisória do STF na ADPF 130/DF que entendeu, em 30/4/2009, que a CF/88 recepcionou a Lei de Imprensa ao adotar danos extrapatrimoniais, direito de resposta etc. (FAJNGOLD, Leonardo. *Dano moral e reparação não pecuniária:* sistemática e parâmetros. São Paulo: Thomson Reuters Brasil, 2021. p. 48.)

(237) CIDH — COMISSÃO INTERAMERICANA DE DIREITOS HUMANOS. *Caso Povo Indígena Kichwa de Sarayacu e seus membros vs Equador*. Sentença de 27 de junho de 2012 (Mérito e Reparações).

(238) COSTA, Adriano Pessoa da; POMPEU, Gina Vidal Marcílio. Corte interamericana de direitos humanos e desmonetização da responsabilidade civil. *Civilista.com*, Rio de Janeiro, a. 5, n. 2, p. 9-33, dez. 2016.

(239) Uma pessoa portadora de deficiência mental sofreu maus tratos numa instituição psiquiátrica e veio a falecer três dias depois. Neste caso a Corte IDH determinou a publicação da decisão, a capacitação dos profissionais para tratar destas pessoas com deficiência etc. (FAJNGOLD, Leonardo. *Dano moral e reparação não pecuniária:* sistemática e parâmetros. São Paulo: Thomson Reuters Brasil, 2021. p. 108.)

Xucuro e seus membros vs. *Brasil*, *Gomes Lund e outros (Guerrilha do Araguaia)* vs. *Brasil* (prisão ilegal e tortura de 70 pessoas), que redundou, entre outras medidas, na criação, pela Lei n. 12.528/2011, da Comissão Nacional da Verdade, no *Caso Herzog e outros* vs. *Brasil*, de 2018.

Em 11.12.2009, houve a solicitação da MC-382/10, em favor das Comunidades tradicionais da bacia do Rio Xingu, *Pará vs Brasil* (envolvendo a construção da Usina Belomonte(240)), admitida pela CIDH e inicialmente tendo sido deferidas várias das MCs pedidas(241), inclusive a suspensão da obra, em 10.04.2011. Porém o governo brasileiro, em suma, recusou-se a cumpri-las alegando inclusive que a CIDH tinha excedido suas competências, além de falta de esgotamento de seus recursos internos. A CIDH não levou o caso à CorteIDH e alterou as cautelares permitindo a continuidade da obra desde que preservados os direitos dos peticionários. Em 2012, o Brasil não compareceu à audiência de conciliação em Washington D.C., Estados Unidos.

Inicialmente, os direitos do DESCA que tinham justiciabilidade eram apenas à educação e sindicalização (art. 26, CADH), restrição que não alcançou os direitos individuais(242). Os demais direitos do DESCA só passaram a ter justiciabilidade (art. 45, b, da Carta da Organização dos Estados Americanos (OEA)), após o precedente *Lago Del Campo* vs. *Peru*(243), de 31.08.2017, e após as duas Opiniões Consultivas (OCs)(244) da Corte IDH, a OC 23-17, de 15.11.2017 e a OC 27/2021, logo após a criação da Relatoria Especial sobre Direitos Econômicos,

(240) COSTA, Nayara Mota; XAVIER, Fernando César Costa. O esquecido caso de "Belo Monte": análise constitucional e convencional. *Cadernos de Direito*, Piracicaba, v. 17, n. 33, p. 211-229, jul./dez. 2017.

(241) BRASIL. República Federativa do Brasil. *MC-382-10*. Comunidades Tradicionais da Bacia do Rio Xingu, Pará. Informações do Estado Brasileiro, 25 de abril de 2011.

(242) BELTRAMELLI NETO, Silvio. *Direitos Humanos*. 5. ed. rev. atual. e ampl. Salvador: JusPodivm, 2018. p. 344.

(243) Confira: KEDZIA, Zdzislaw (Dzidek). Social rights protection under the ICESCR and its Optional Protocol — the role of the Committee on Economic, Social and Cultural Rights. *In*: BINDER, Cristina; HOFBAUER, Jane A.; PIOVESAN, Flávia; TORRES, Amaya Úbeda de (ed.). *Research Handbook on Internacional Law and Social Rights*. Northampton: Eduard Elgar Publishing Limited, 2020. p. 90–110; e MACGREGOR, Eduardo Ferrer. Social rights in the jurisprudence of the Inter-American Court of Human Rights. In: BINDER, Cristina; HOFBAUER, Jane A.; PIOVESAN, Flávia; TORRES, Amaya Úbeda de (Eds.). *Research Handbook on Internacional Law and Social Rights*. Northampton: Eduard Elgar Publishing Limited, 2020. p. 173-187; e CHIRWA, Danwood M.; MKHONZA, Amanda ZT. The environment and social rights. In: BINDER, Cristina; HOFBAUER, Jane A.; PIOVESAN, Flávia; TORRES, Amaya Úbeda de (ed.). *Research Handbook on Internacional Law and Social Rights*. Northampton: Eduard Elgar Publishing Limited, 2020. p. 0-494.

(244) CABRERA MEDAGLIA, Jorge. Las sentencias de la Sala Constitucional y su impacto en el origen y evolución del Derecho Constitucional Ambiental en Costa Rica. In: CHACÓN, Mario Peña (Ed.). *Derechos Humanos y Medio Ambiente*: alcances y límites. San José, Costa Rica: Mario Peña Chacón, 2021. p. 64 e 77.

Sociais, Culturais e Ambientais (REDESCA), através dos quais a Corte IDH passou a ter a missão de assegurar também o *trabalho decente em condições ambientais seguras e higiênicas.*

No plano trabalhista contencioso, as mais recentes decisórias são *Caso Escher e outros vs Brasil*, que envolvia trabalhadores da Cooperativa Agrícola de Conciliação Avante Ltda (COANA) e a Associação Comunitária dos Trabalhadores Rurais (ADECON), de 06.01.2009, que implicou sentença da CorteIDH, além do parecer consultivo OC 18/03, de 1º.12.2003, série A, n. 18, que tratou da condição jurídica dos migrantes indocumentados; além da sentença e da resolução no *Caso Trabalhadores da Fazenda Brasil Verde* vs. *Brasil,* de 11.12.2015; e, finalmente, do *Caso Empregados da Fábrica de Fogos de Artifício em Santo Antônio de Jesus e seus familiares* vs. *Brasil*, sentença dada pela CorteIDH em 15.07.2020, como afirmado pela Corte IDH na sentença:

> Com base na Carta OEA e no *corpus juris* internacional, a Corte determinou que este direito implica, entre outras, proteções que o trabalhador possa realizar suas funções sob condições adequadas de segurança, higiene e saúde, *prevenindo acidentes de trabalho*. A manutenção de condições adequadas é particularmente relevante quando se trata de atividades que envolvem riscos significativos para a vida e a integridade dos trabalhadores.(245)

Também no tocante à proteção dos direitos sociais há o *leading case* Caso--P-1073-05, relativo ao Brasil, concernente à degradação ambiental e risco de vidas humanas pela contaminação do solo e danos ambientais aos trabalhadores do *Conjunto Habitacional "Barão de Macaúbas" (CHBM)*(246) *e seus moradores* vs. *Brasil.* Este conjunto habitacional teria sido construído sobre um depósito clandestino de lixo, causando degradação ambiental com despejo de material tóxico e a explosão de um tanque de água subterrâneo, resultando na morte de um trabalhador, queimaduras noutro e danos à saúde de mais de 5.0000 moradores. A denúncia foi admitida pela CIDH.

Caso análogo aos dois últimos citados foi o ecogenocídio da Vale S/A em Brumadinho/MG, em 2019, cujo desabamento da barragem da Mina do Córrego do Feijão implicou 272 óbitos, dos quais 91,91% (250 pessoas) eram trabalhadores, o que enseja o uso de MCs perante a Corte IDH. Não só pelas perdas humanas, mas também materiais e ambientes, justifica-se o uso de tais medidas diante do

---

(245) CORTE INTERAMERICANA DE DIREITOS HUMANOS. *Caso Empregados da Fábrica de Fogos de Santo Antônio de Jesus e seus Familiares* vs. *Brasil*. Resumo oficial emitido pela Corte Interamericana de Direitos Humanos. Sentença de 15 de julho de 2020. p. 174. Grifos nossos.

(246) PIOVESAN, Flávia. *Direitos humanos e o direito constitucional internacional*. 20. ed. São Paulo: Saraiva, 2022. p. 481-482.

problema urgente e relevante de existirem pelo menos três outras barragens da mesmíssima empresa, consideradas em nível máximo de alerta (descritas no Capítulo 6), com potencial de acarretar outros óbitos.

Vale lembrar os requisitos de admissibilidade de denúncia normalmente exigidos, como: apresentá-la à CIDH até seis meses após o esgotamento dos recursos internos, ou não existência deles; ou não ter havido decisão em prazo razoável das Cortes Nacionais (arts. 28, 31 e 32 do Estatuto da CIDH), *não se aplicam às MCs* que têm regramento e pressupostos próprios, que são basicamente três: *(i) a extrema gravidade; (ii) a urgência; e (iii) a necessidade de intervenção da Corte Interamericana para evitar danos irreparáveis.*

Se o caso ainda não tiver sido submetido à CorteIDH, o juízo de admissibilidade será da CIDH, conforme o art. 48, 2 (no caso do Brasil, a investigação da CIDH prescinde de autorização interna) e o art. 63, 2, da CADH.

A CorteIDH pode celebrar convênios com instituições sem fins lucrativos como universidades, tribunais, corporações de advogados. No Brasil, a CorteIDH celebrou convênio com o CNJ(247), a quem compete pelo diálogo jurisprudencial divulgar as decisões da CorteIDH, atos informativos e formativos, entre estes várias das medidas cautelares da CorteIDH(248) deferidas em face do Brasil.

No âmbito do SIDH, as medidas cautelares estão previstas no art. 63, item 2, da CADH, nos arts. 25 e 76 do Regulamento da CIDH, e no art. 27 do Regulamento da CorteIDH, cujos aspectos mais relevantes são: as cautelares podem estar ou não vinculadas a uma petição ou caso; podem ser pleiteadas a pedido de partes beneficiadas identificadas ou identificáveis, ou da própria CIDH, conforme o art. 25.1, do Regulamento da CIDH.

Em maio de 2018, a CIDH emitiu a Resolução 3/2018 sobre "Fortalecimento do processo de trâmite de pedidos de medidas cautelares", com o objetivo de responder diligentemente e em momentos apropriados a situações urgentes de danos irreparáveis:

> De acordo com o art. 25 do Regulamento, a Comissão concede medidas cautelares em situações que são graves e urgentes, e nas quais tais medidas são necessárias *para prevenir danos irreparáveis às pessoas.* Entre os beneficiários de medidas cautelares estão os defensores e defensoras dos direitos humanos, jornalistas e sindicalistas, grupos em situações de vulnerabilidade como mulheres, crianças, adolescentes, comunidades

(247) EÇA, Vitor Salino de Moura. Jurisdição da Corte Interamericana de Direitos Humanos. In: MARANHÃO, Ney; TUPIMANBÁ, Pedro Tourinho (Coords.). *Direito internacional do trabalho 3* estudos em homenagem ao centenário da OIT. São Paulo: LTr, 2019. p. 248-254.

(248) CNJ — CONSELHO NACIONAL DE JUSTIÇA. *Relatório Anual 2022:* Unidade de Monitoramento e Fiscalização das Decisões da Corte Interamericana de Direitos Humanos — UMF/CNJ. Brasília, DF: CNJ, 2023. p. 48–60.

afrodescendentes, povos indígenas, deslocados internos, membros da comunidade LGTBI, pessoas privadas de liberdade, migrantes, idosos e pessoas com deficiências.[249]

Conforme demonstrado no Capítulo 6, há 3 (três) barragens ativas em Minas Gerais da Vale S/A com risco 3, risco máximo, indicando o cometimento de *atos pluriofensivos à CADH e seu Protocolo DESCA, como meio ambiente* (e ambiente laboral), *além dos direitos "greening"*, como risco de vida, à integridade pessoal, não só de cidadãos, mas também e sobretudo de empregados e trabalhadores da empresa os mais diversos. Por isso entendemos que o caso em tela *demonstra congruência com as normativas das medidas cautelares previstas no SIDH*, notadamente com a opção da CADH pelo instituto da reparação integral (art. 63, item 2), que *abrange o caráter prevencionista do meio ambiente e do meio ambiente do trabalho* para fins (em ricochete) de preservação da vida e integridade das pessoas[250].

A REDESCA aprovou a Resolução n. 3/2021, sobre *"Climate Emergency: Scope of Inter-American Human Rights Obligation"* tendo sido estabelecido que:

> 3. Os Estados devem assegurar que as normas climáticas, as políticas e ações sejam construídas, atualizadas e/ou reexaminadas de modo transparente e participativo, com todos os atores sociais assegurando que ações climáticas não afetem adversamente os direitos das pessoas, a possibilidade de enviar observações por meios apropriados e de contestar decisões por meios judiciais ou administrativos.
>
> [...]
>
> 5. Os Estados devem fazer esforços significativos para avançar políticas e programas de educação ambientais compreensivas e universais, permitindo que as pessoas adquiram consciência ambiental, modifiquem seus comportamentos de consumo e prezem pelo ambiente, assim como assegurar que autoridades e empresas adotem padrões de desenvolvimento sustentável e de proteção à natureza.
>
> [...]
>
> 42. As empresas devem ajustar sua conduta e suas operações às normas do negócio e do regime dos direitos humanos, nos termos estabelecidos nos princípios orientadores das Nações Unidas em negócios e direitos humanos, tomando como referência os parâmetros e recomendações contidos no relatório "Business and Human Rights: Interamerican Standards".[251]

---

(249) OEA — ORGANIZAÇÃO DOS ESTADOS AMERICANOS. Comissão Interamericana de Direitos Humanos. *Sobre as medidas cautelares*. c2024. Grifos nossos.

(250) PIOVESAN, Flávia; FACHIN, Melina Giradi; MAZZUOLI, Valério de Oliveira. *Comentários à Convenção Americana sobre Direitos Humanos*. Rio de Janeiro: Forense, 2019.

(251) "3. States must ensure that climate norms, policies and actions are constructed, updated and/or reexamined in a transparent and participatory manner with all social actors ensuring that climate actions do not adversely affect people's rights, the possibility of submitting observations by appropriate means and of contesting decisions through judicial or administrative means.

Vale lembrar ainda a *Inter-American Commission on Human Rights (IACHR)*, em seu relatório anual de 2022, considerou como *"pending"* (pendentes) a maioria dos DESCA no Brasil(252):

Figura 16 — Recommendations

RECOMMENDATIONS

438. The following table provides a summary of the level of Brazilian State compliance with each of the recommendations made by the Commission in its February 2021 report on the situation of human rights in Brazil.

OVERALL NUMBER	RECOMMENDATION TOPIC	RECOMMENDATION NUMBER	COMPLIANCE: FULL/PARTIAL/PENDING
1	THE INSTITUTIONAL UNDERPINNING OF HUMAN RIGHTS	1.a	PENDING
2		1.b	PENDING
3		1.c	PENDING
4		2.a	PENDING
5		2.b	PENDING
6	ECONOMIC, SOCIAL, CULTURAL, AND ENVIRONMENTAL RIGHTS	3.a	PENDING
7		3.b	PENDING

473 Conectas Human Rights, Memory, Truth, and Justice Forum – ES, et al., Civil Society Contributions on Forced Disappearances

---

[...]

5. States must make significant efforts to advance comprehensive, universal, and comprehensive environmental education policies and programs, allowing people to acquire environmental awareness, modify their consumption behaviors and care for the environment, as well as aimed at ensuring that authorities and companies adopt patterns of sustainable development and protection of nature.

[...]

42. Companies must adjust their behavior and operations to the norms of the business and human rights regime, in the terms established in the United Nations Guiding Principles on Business and Human Rights, taking as a reference the parameters and recommendations contained in the report "Business and Human Rights: Inter-American Standards" of the REDESCA of the IACHR." (INTER-AMERICAN COMMISSION ON HUMAN RIGHTS. Climate Emergency: Scope of Inter-American Human Rights Obligations — Resolution 3/2021. (Adopted by the IACHR on December 31st, 2021). [S. l.]: Organization of American States, [2021]. p. 12, 21. Tradução nossa.)

(252) INTER-AMERICAN COMMISSION ON HUMAN RIGHTS. Follow-up of recommendations issued by the IACH in its country or thematic reports: Brazil. In: IACHR. *Annual report of the Inter-American Commission on Human Rights*, 2022. [Washington, D.C.]: Organization of American States, [2023]. chap. 5, p. 864.

A doutrina defende o uso de medidas cautelares no SIDH como forma de proteção ambiental preventiva:

> Devido ao caráter de urgência das medidas cautelares, não há que se falar na necessidade de esgotamento dos recursos de jurisdição interna, mas é necessário demonstrar que a situação de risco iminente tenha sido denunciada perante as autoridades locais competentes. Caso as autoridades locais não tenham sido acionadas, deverão ser demonstrados os motivos que justificaram o não cumprimento de tal requisito. A Comissão, antes de solicitar a adoção de medidas cautelares, pedirá informações ao Estado, salvo quando o caráter de urgência justificar a imediata outorga das medidas.
>
> A solicitação de medidas cautelares não tem o intuito de obter qualquer pré-julgamento do mérito da questão, mas, sim, de aplicar medidas temporárias com maior celeridade. Havendo necessidade, os efeitos das medidas cautelares podem ser prorrogados e se, mesmo assim, o Estado não as observar, a Comissão poderá requisitar à Corte a concessão de medidas provisórias.92 Vale lembrar que os mecanismos de medidas cautelares e provisórias, simplesmente não existem no sistema europeu de direitos humanos. Não por acaso, enquanto na Corte Europeia os pleitos mais comuns são relativos ao acesso equitativo e julgamento justo, os pleitos que lideram em absoluto as lides da Corte Interamericana, são relacionados à proteção do direito fundamental à vida.
>
> Nesse sentido, casos de degradação ambiental têm potencial capacidade de demonstrar situações em que direitos fundamentais encontra-se sob risco de danos irreparáveis. Como exemplo, o caso Povo Indígena Kichwa de Sarayacu e seus membros v. Equador, relativo à concessão de terras indígenas para exploração petrolífera, sem anuência da comunidade afetada, foi marcado por episódios como destruição de florestas, interrupção do curso de um rio, uso de explosivos em terras tradicionais, além de ataques de arma de fogo, agressões, ameaças, prisões ilegais, abusos sexuais e torturas contra os Kichwa. Para conter tais horrores, entre 2003 e 2010, Comissão e Corte Interamericanas encaminharam à República do Equador três medidas cautelares e quatro medidas provisórias.[253]

---

(253) MAZZUOLI, Valerio de Oliveira; TEIXEIRA, Gustavo de Faria Moreira. O direito internacional do meio ambiente e o *greening* da Convenção Americana sobre Direitos Humano. *Anuario Mexicano de Derecho Internacional*, México, D.F., vol. XIII, p. 145–203, 2013. p. 177-178. Grifos nossos.

O uso de medidas cautelares para garantir o princípio prevencionista[(254)] ambiental é defendido pela doutrina também no Direito Comparado[(255)]:

> Definição e fundamento. Para o professor Devis Echandía (1974, p. 142), a medida cautelar "é o direito de iniciar um procedimento para que sejam adotadas as medidas judiciais necessárias para assegurar a satisfação do direito material, ou para sua defesa; ou seja, para que se realize um processo cautelar". Por sua vez, López Blanco (2004, p. 81) considera que as medidas cautelares são "medidas que, de ofício ou a pedido de uma das partes, podem ser adotadas pelo juiz em relação a pessoas, provas ou bens afetados pelo atraso e destinadas a assegurar o pleno cumprimento das decisões adotadas pelo juiz e, especialmente, da sentença uma vez executada". E Azula Camacho (2000, p.61) as define como "o conjunto de ações que tendem a garantir os resultados perseguidos em outra. Em termos mais simples, evita que os resultados perseguidos em um processo sejam ilusórios ou ineficazes". Percebe-se, então, que as medidas cautelares são definidas de acordo com a finalidade a que servem, que não é outra senão a de garantir a eficácia das decisões judiciais...
>
> O meio ambiente e o princípio da precaução. A crise ambiental tem conduzido à geração de uma visão diferente da relação entre o homem e a natureza, a partir da qual surgiu um novo e particular sistema normativo, baseado em seus próprios valores, princípios e regras, que lhe permite ser reconhecido como autônomo e até mesmo assumir *status* constitucional. Isso se deve à sensibilidade gerada no conglomerado social pelos problemas ambientais, mas também à realidade inquestionável da escassez de recursos naturais como consequência de uma sociedade superpovoada e altamente tecnológica.[(256)]

---

(254) TAQUARY, Eneida Orbage de Britto. O direito ao meio ambiente sadio: a proteção pela Corte Interamericana de Direitos Humanos. *Revista de la Secretaría del Tribunal Permanente de Revisión*, año 1, n. 2, p. 77-111, 2013.

(255) RABASA SALINAS, Alejandra *et al.* (org.). *Contenido y alcance del derecho humano a un medio ambiente sano*. México: Suprema Corte de Justicia de la Nación, 2022. p. 34-37.

(256) "Definición y fundamento. Para el profesor Devis Echandía (1974, p. 142) la medida cautelar "es el derecho a iniciar un procedimiento para que se adopten las medidas judiciales necesarias para el aseguramiento de la satisfacción derecho material, o para su defensa; es decir, para que se realice un proceso cautelar". Por su parte, López Blanco (2004, p. 81) considera que las medidas cautelares son "providencias que, ya de oficio, o a petición de parte, puede adoptar el juez respecto de personas, pruebas o bienes que resulten afectados por la demora y tendentes a asegurar el cabal

Sobre a necessidade de MCs no SIDH, vale lembrar que, conforme já relatado no Capítulo 9, de 25.01.2019, data do ecogenocídio de Brumadinho/MG, até 1º.02.2024, as cautelares apresentadas em face do Brasil perante a CIDH não eram pertinentes ao ecogenocídio de 2019. Portanto, seja na forma de denúncia, seja na forma de pedido cautelar, o Estado brasileiro ainda não foi denunciado no SIDH relativamente à tragédia ocorrida em Brumadinho, Minas Gerais.

Reitere-se que a Lei Estadual de Minas Gerais n. 23.291/2019, proibiu, em seu art. 13, § 2º, as barragens a montante, tendo sido determinado o termo final para descaracterização deste método, até 25.02.2022, prazo que não foi cumprido pela Vale S/A, notadamente com relação as três barragens que, como foi exposto, têm grau de risco 3 (máximo), sendo que até 1º.02.2024, tais barragens ainda se encontravam em pleno funcionamento.

---

cumplimiento de las determinaciones que se adopten por el juez y, especialmente, de la sentencia una vez ejecutoriada". Y Azula Camacho (2000, p. 61) las define como "el conjunto de actuaciones que tienden a garantizar los resultados que se persiguen en otro. En términos más sencillos, evita que los resultados perseguidos en un proceso sean ilusorios o ineficaces". Se observa entonces que las medidas cautelares se definen de acuerdo con la finalidad que cumplen, que no es otra que garantizar la efectividad de las decisiones judiciales...

El medioambiente y el principio de precaución La crisis ambiental ha llevado a que se genere una visión diferente de la relación hombre naturaleza, de la cual ha surgido un novedoso y particular sistema normativo, que se funda en valores, principios y reglas propias, que permiten reconocerle su autonomía e incluso asume rango constitucional, lo que obedece a la sensibilidad que generan en el conglomerado social las problemáticas ambientales, pero también a la incuestionable realidad que pone de presente la escasez de los recursos naturales como consecuencia de una sociedad sobrepoblada y altamente tecnificada." (ARCILA SALAZAR, Beatriz. Las medidas cautelares en el proceso ambiental. *Opinión Jurídica*, Medellín, vol. 12, n. 23, p. 31-48, ene./jun. 2013. Tradução nossa)

Conclusões

Em 05.11.2015, a barragem do Fundão, em Mariana/MG, da empresa Samarco (controlada pela Vale S/A e pela BHP Billiton), desmoronou provocando danos socioambientais imensos, tendo sido considerado o maior acidente ambiental do Brasil.

Em 25.01.2019, apenas três anos e dois meses depois, houve novamente o desmoronamento da B1- Mina do Córrego do Feijão, em Brumadinho/MG, outra barragem da Vale S/A, tendo sido classificado como o maior "desastre" ambiental *trabalhista* do Brasil e o segundo maior do mundo, tendo provocado 272 mortes (91,91% de trabalhadores), além de inúmeros danos ambientais difusos e persistentes.

Na visão desta obra, não se pode usar a semiótica "desastre" para este desmoronamento, porque tanto o Estado brasileiro, quanto a Vale S/A tinham conhecimento da possibilidade de sua ocorrência e não a impediram, pelo que se optou pela terminologia "ecogenocídio".

No que concerne ao ecogenocídio de Brumadinho, como a maior parte dos óbitos foram de empregados e a própria normativa brasileira tem diminuído pela via legal bastante os valores devidos a título de responsabilidade trabalhista (enquanto tem aumentado a civil), pelo que, não foram significativas as indenizações pagas pela Vale S/A, implicando o aumento da necroeconomia e a regressão no aspecto prevencionista da responsabilidade civil.

Em que pese as barragens a montante terem sido proibidas pela Lei Estadual de Minas Gerais n. 23.291/2019, em seu art. 13, § 2°, legislação editada logo após 25.01.2019, e tendo sido dado o termo final para descaracterização deste método até 25.02.2022, este prazo que não foi cumprido pela Vale S/A. Pelo menos três barragens da mesmíssima Vale S/A ainda se encontram em estado de emergência, com nível de alerta 3 (máximo): Forquilha III – Mina de Fábrica (Ouro Preto), Barragem B3/B4 – Mina Mar Azul (Nova Lima) e a Sul Superior (Barão de Cocais), segundo dados já citados da ANM, no Capítulo 6.

Tais ações e omissões implicam grave responsabilidade desta empresa e do Estado do Brasil em face a direitos garantidos não só pela jusfundamentalidade brasileira, mas também pelo SIDH, tais como meio ambientes sadios e demais direitos trabalhistas previstos no DESCA, e direitos *greening*, tais como o direito à vida, à saúde, à propriedade não só dos trabalhadores da Vale S/A, mas de toda a comunidade que pode ser atingida por um novo ecogenocídio.

Contrariando o alardeado pela imprensa, até 1º.02.2024, o Brasil não tinha sido denunciado no SIDH relativamente ao desmoronamento da B1 em Brumadinho, conforme ampla pesquisa feita e apresentada no Capítulo 9, nem na forma denúncia, nem por pedido de medida cautelar.

Tudo isso justifica e enseja, na visão desta obra, a possibilidade, pela via da transnacionalidade do Direito Processual, do uso de medidas cautelares em face do Brasil na CIDH como meio preventivo, inibitório de novos danos pluriofensivos, não só ao meio ambiente e ao meio ambiente laboral, mas também e aos direitos à vida, à saúde e à propriedade, entre outros.

Vale lembrar os requisitos de admissibilidade de denúncia normalmente exigidos, como: apresentá-la à CIDH até seis meses após o esgotamento dos recursos internos, ou não existência deles; ou não ter havido decisão em prazo razoável das Cortes Nacionais (arts. 28, 31 e 32 do Estatuto da CIDH), *não se aplicam às MCs* que têm regramento e pressupostos próprios, que são basicamente três: *(i) a extrema gravidade; (ii) a urgência; e (iii) a necessidade de intervenção da Corte Interamericana para evitar danos irreparáveis*. Apesar de todos estes pressupostos processuais necessários ao ajuizamento de cautelares no SIDH estarem presentes neste ecogenocídio, até janeiro de 2024 o Estado brasileiro ainda não tinha sido denunciado no SIDH, seja na forma de denúncia, seja na forma de pedido cautelar o que vai de encontro ao uso de medidas cautelares para garantir o princípio prevencionista[257] ambiental.

Para que não ocorram outros ecogenocídios, tais como de Mariana e Bento Gonçalves de 2015 e de Brumadinho de 2019 faz-se necessário acionar em medida cautelar o SIDH para evitar a repetição de atos pluriofensivos à CADH e seu Protocolo DESCA, como meio ambiente (e ambiente laboral), *além dos direitos "greening"*, como risco de vida, à integridade pessoal, não só de cidadãos, mas também e sobretudo de empregados e trabalhadores da empresa os mais diversos.

(257) TAQUARY, Eneida Orbage de Britto. O direito ao meio ambiente sadio: a proteção pela Corte Interamericana de Direitos Humanos. *Revista de la Secretaría del Tribunal Permanente de Revisión*, año 1, n. 2, p. 77-111, 2013.

Por isso entendemos que o caso em tela *demonstra congruência com as normativas das medidas cautelares previstas no SIDH*, notadamente com a opção da CADH pelo instituto da reparação integral (art. 63, item 2), que *abrange o caráter prevencionista do meio ambiente e do meio ambiente do trabalho* para fins (em ricochete) de preservação da vida e integridade das pessoas[258] o que implica necessidade premente de uso debb cautelares em face do Estado do Brasil perante o SIDH.

(258) PIOVESAN, Flávia; FACHIN, Melina Giradi; MAZZUOLI, Valério de Oliveira. *Comentários à Convenção Americana sobre Direitos Humanos*. Rio de Janeiro: Forense, 2019.

Referências

"BOMBA-RELÓGIO": barragem da Vale em Macacos começa a ser esvaziada após dois anos em risco máximo de rompimento. *Projeto Manuelzão*, 7 jul. 2021. Disponível em: https://manuelzao.ufmg.br/bomba-relogio-barragem-da-vale-em-macacos-comeca-a-ser-esvaziada-apos-dois-anos-em-risco-maximo-de-rompimento/. Acesso em: 30 nov. 2022.

AEDAS. *Brumadinho* — Assessoria Técnica Independente em Brumadinho. c2022. Disponível em: https://aedasmg.org/brumadinho/. Acesso em: 22 nov. 2022.

AGÊNCIA Nacional de Mineração conclui o relatório técnico sobre barragem de Brumadinho. *Agência Nacional de Mineração*, Notícias, 5 nov. 2019. Disponível em: https://www.gov.br/anm/pt-br/assuntos/noticias/2019/agencia-nacional-de-mineracao-conclui-o-relatorio-tecnico-sobre-barragem-de-brumadinho. Acesso em: 1º dez. 2022.

ALSTON, Philip. Conjuring up new human rights: a proposal for quality control. *American Journal of International Law*, vol. 78, i. 3, p. 607-621, 1984.

ALTINO, Lucas; AZEVEDO, Luis Felipe. Brumadinho: cinco anos depois da maior tragédia humanitária do país, ninguém foi condenado pelas 270 mortes. *O Globo*, Notícia, 24 jan. 2024. Disponível em: https://oglobo.globo.com/brasil/noticia/2024/01/24/brumadinho-cinco-anos-depois-da-maior-tragedia-humanitaria-do-pais-ninguem-foi-condenado-pelas-270-mortes.ghtml. Acesso em: 29 jan. 2024.

ANA — Agência Nacional de Águas e Saneamento Básico. *Relatório de Segurança de Barragens 2019*. Brasília, DF: ANA, 2020. Disponível em: https://www.snisb.gov.br/relatorio-anual-de-seguranca-de-barragem/anteriores/2019/rsb19-v0.pdf/view. Acesso em: 1º dez. 2022.

ANDOLINA, Ítalo Augusto. O Papel do processo na atuação do ordenamento constitucional e transnacional. *Revista de Processo*, São Paulo, v. 87, p. 63-69, jul./set. 1997.

ANDOLINA, Ítalo; VIGNERA, Giuseppe. *I fondamenti costituzionali della giustizia civile*: il modelo costituzionale del processo civile italiano. 2. ed. Torino: Giappichelli, 1979.

ANDRADE, Pedro Gustavo Gomes. *Responsabilidade extraterritorial e transnormatividade:* um estudo de caso da Companhia Siderúrgica do Atlântico. 2016. 98 f. Dissertação

(Mestrado em Direito Ambiental e Desenvolvimento Sustentável) – Escola Superior Dom Helder Câmara, Belo Horizonte, 2016.

ANM – Agência Nacional de Mineração. *Pesquisar Barragens*. c2022. Disponível em: https://app.anm.gov.br/SIGBM/Publico/GerenciarPublico. Acesso em: 30 nov. 2022.

ARCILA SALAZAR, Beatriz. Las medidas cautelares en el proceso ambiental. *Opinión Jurídica*, Medellín, vol. 12, n. 23, p. 31-48, ene./jun. 2013.

AVABRUM — Associação dos Familiares de Vítimas e Atingidos pelo Rompimento da Barragem Mina Córrego do Feijão — Brumadinho – MG. [*Homepage*]. c2022. Disponível em: https://avabrum.org.br/. Acesso em: 16 dez. 2022.

BARBOSA, Érica Monteiro. *Os desafios do direito internacional e do Estado Brasileiro na solução de conflitos ambientais:* um estudo a partir do caso do rompimento da Barragem de Fundão em Minas Gerais. 2021. Dissertação (Mestrado em Direito) – Faculdade de Direito, Pontifícia Universidade Católica de Minas Gerais, Belo Horizonte, 2021.

BARRAGENS do Brasil após 3 anos: o que foi feito após desastre em Brumadinho? ANE BRASIL — Academia Nacional de Engenharia, [2022]. Disponível em: http://anebrasil.org.br/barragens-do-brasil-apos-3-anos-o-que-foi-feito-apos-desastre-em-brumadinho/. Acesso em: 6 dez. 2022.

BEBBER, Júlio César. Danos extrapatrimoniais (estético, biológico e existencial). Breves considerações. *Revista LTr:* Legislação do Trabalho, São Paulo, v. 73, n. 1, p. 26-29, jan. 2009. Disponível em: https://juslaboris.tst.jus.br/handle/20.500.12178/169556. Acesso em: 17 nov. 2022.

BELTRAMELLI NETO, Silvio. *Direitos Humanos.* 5. ed. rev. atual. e ampl. Salvador: JusPodivm, 2018.

BOYLE, Alan. The role of international human rights law in the protection of the environment. *In*: ANDERSON, Michael R.; BOYLE, Alan E. (Eds.). *Human rights approaches to environmental protection*. Oxford: Oxford University Press, 1996. p. 43-70.

BRASIL É DENUNCIADO por rompimento em Brumadinho e negligência na fiscalização de barragens. *Justiça Global*, 8 maio 2019. Disponível em: http://www.global.org.br/blog/brasil-e-denunciado-internacionalmente-por-rompimento-em-brumadinho-e-negligencia-na-fiscalizacao-de-barragens/. Acesso em: 20 out. 2022.

BRASIL. Supremo Tribunal Federal. *Decisão na Ação Direta de Inconstitucionalidade n. 6050/DF*. Requerente: Associação Nacional dos Magistrados do Trabalho. Intimado: Presidente da República. Relator: Ministro Gilmar Mendes. Brasília, 27 out. 2021. Disponível em: https://portal.stf.jus.br/processos/downloadTexto.asp?id=5442470&ext=RTF. Acesso em: 7 dez. 2022.

______. [Constituição (1988)]. *Constituição da República Federativa do Brasil.* Brasília, DF: Presidência da República, [2020]. Disponível em: http://www.planalto.gov.br/ccivil_03/constituicao/constituicaocompilado.htm. Acesso em: 18 set. 2022.

______. *Decreto-Lei n. 3.689, de 3 de outubro de 1941.* Código de Processo Penal. Rio de Janeiro: Presidência da República, 1941. Disponível em: https://www.planalto.gov.br/ccivil_03/decreto-lei/del3689.htm. Acesso em: 25 jul. 2022.

______. *Lei n. 10.406, de 10 de janeiro de 2022.* Institui o Código Civil. Brasília, DF: Presidência da República, 2002. Disponível em: https://www.planalto.gov.br/ccivil_03/leis/2002/l10406compilada.htm. Acesso em: 25 jul. 2022.

______. *Lei n. 6.938, de 31 de agosto de 1981.* Dispõe sobre a Política Nacional do Meio Ambiente, seus fins e mecanismos de formulação e aplicação, e dá outras providências. Brasília, DF: Presidência da República, 1981. Disponível em: https://www.planalto.gov.br/ccivil_03/leis/L6938compilada.htm. Acesso em: 25 jul. 2022.

______. Ministério do Trabalho e Previdência Social. Superintendência Regional do Trabalho e Emprego em Minas Gerais. *Relatório de Análise de Acidente* – Rompimento da Barragem de Rejeitos Fundão, em Mariana-MG. Belo Horizonte: [*s. n.*], abril 2016. Disponível em: http://ftp.medicina.ufmg.br/osat/relatorios/2016/SAMARCOMINERACAORELATORIOROMPIMENTOBARRAGEM20160502_09_05_2016.pdf. Acesso em: 7 dez. 2022.

______. República Federativa do Brasil. *MC-382-10.* Comunidades Tradicionais da Bacia do Rio Xingu, Pará. Informações do Estado Brasileiro, 25 de abril de 2011. Disponível em: https://documentacao.socioambiental.org/noticias/anexo_noticia/19927_20110517_104210.pdf. Acesso em: 23 jan. 2024.

______. Supremo Tribunal Federal. *Ação Direta de Inconstitucionalidade n. 6050/DF.* Requerente: Associação Nacional dos Magistrados do Trabalho. Intimado: Presidente da República. Relator: Ministro Gilmar Mendes. Brasília, 27 out. 2021. *DJE*, 18.08.2023. Disponível em: https://portal.stf.jus.br/processos/detalhe.asp?incidente=5612680. Acesso em:7 dez. 2022.

______. Superior Tribunal de Justiça. *Súmula n. 37.* São cumuláveis as indenizações por dano material e dano moral oriundos do mesmo fato. Brasília, DF: Superior Tribunal Federal, Corte Especial, 12 mar. 1992. Disponível em: https://www.stj.jus.br/publicacaoinstitucional/index.php/sumstj/article/view/5223/5348. Acesso em: 30 nov. 2022.

______. Superior Tribunal de Justiça. *Súmula n. 387.* É lícita a cumulação das indenizações de dano estético e dano moral. Brasília, DF: Superior Tribunal de Justiça, 26 ago. 2009. Disponível em: https://www.stj.jus.br/docs_internet/revista/eletronica/stj-revista-sumulas-2013_35_capSumula387.pdf. Acesso em: 30 nov. 2022.

______. Superior Tribunal de Justiça. *Súmula n. 642.* O direito à indenização por danos morais transmite-se com o falecimento do titular, possuindo os herdeiros da vítima legitimidade ativa para ajuizar ou prosseguir a ação indenizatória.. Brasília, DF: Superior Tribunal de Justiça, 2 dez. 2020. Disponível em: https://www.stj.jus.br/publicacaoinstitucional/index.php/sumstj/article/download/11573/11697. Acesso em: 30 nov. 2022.

______. Supremo Tribunal Federal. *Súmula n. 491*. É indenizável o acidente que cause a morte de filho menor, ainda que não exerça trabalho remunerado. Brasília, DF: Supremo Tribunal Federal, 1969. Disponível em: https://jurisprudencia.stf.jus.br/pages/search/seq-sumula491/false. Acesso em: 30 nov. 2022.

______. Supremo Tribunal Federal. *Tema 940*. Responsabilidade civil subjetiva do agente público por danos causados a terceiros, no exercício de atividade pública. Brasília, 6 dez. 2019. Disponível em: https://portal.stf.jus.br/jurisprudenciaRepercussao/tema.asp?num=940. Acesso em: 20 fev. 2024.

______. Tribunal Regional do Trabalho da 3ª Região (11ª Turma). 5ª Vara do Trabalho de Betim-MG. *Agravo de Petição no processo n. 0010261-67.2019.5.03.0028*. Agravantes: Sindicato dos Trabalhadores nas indústrias da construção pesada de Minas Gerais, Advocacia Garcez. Agravada: Vale S/A. Relator: Juiz convocado Leonardo Passos Ferreira. Belo Horizonte, 8 fev. 2023. Disponível em: https://pje.trt3.jus.br/primeirograu/VisualizaDocumento/Autenticado/documentoHTMLProtegido.seam?idBin=899ad0695aad5d16d42cbfa2f66b9977ac1d8e7efc38f42de3c5871c262a08afd2f9771f837adb73b73b501f8812df2a. Acesso em: 30 jan. 2024.

______. Tribunal Regional do Trabalho da 3ª Região (11ª Turma). *Agravo de Petição na Ação Civil Pública Cível n. 0010261-67.2019.5.03.0028*. Agravantes: Sindicato dos Trabalhadores nas Indústrias da Construção Pesada de Minas Gerais, Advocacia Garcez. Agravada: Vale S/A, Relator: Leonardo Passos Ferreira. Belo Horizonte, 8 fev. 2023. Disponível em: https://pje-consulta.trt3.jus.br/consultaprocessual/detalhe-processo/0010261-67.2019.5.03.0028/1#b77d8fc. Acesso em: 30 jan. 2024.

BRUMADINHO tem mais de 23 mil acordos de indenização fechados. *Portal da Cidade de Brumadinho*, Notícias, 24 jan. 2024. Disponível em: https://brumadinho.portaldacidade.com/noticias/cidade/brumadinho-tem-mais-de-23-mil-acordos-de-indenizacao-fechados-1002. Acesso em: 31 jan. 2024.

CABRERA MEDAGLIA, Jorge. Las sentencias de la Sala Constitucional y su impacto en el origen y evolución del Derecho Constitucional Ambiental en Costa Rica. In: CHACÓN, Mario Peña (Ed.). *Derechos Humanos y Medio Ambiente:* alcances y límites. San José, Costa Rica: Mario Peña Chacón, 2021. p. 63-86.

CAETANO, Bruna. Sociedade civil denuncia Vale na Comissão Interamericana de Direitos Humanos. *Brasil de Fato*, 10 de maio de 2019. Disponível em: https://www.brasildefato.com.br/2019/05/10/sociedade-civil-denuncia-vale-na-comissao-interamericana-de-direitos-humanos. Acesso em: 9 nov. 2022.

CALAMANDREI, Piero. *Processo e democracia:* Conferências realizadas na Faculdade de Direito da Universidade Nacional Autônoma do México. 2. ed. rev. Porto Alegre: Livraria dos Advogados, 2018.

CÂMARA DOS DEPUTADOS. Comissão Parlamentar de Inquérito Rompimento da Barragem de Brumadinho. *Resumo do Relatório CPIBruma*. 2019. Disponível em: https://www2.camara.leg.br/atividade-legislativa/comissoes/comissoes-temporarias/

parlamentar-de-inquerito/56a-legislatura/cpi-rompimento-da-barragem-de-brumadinho/documentos/outros-documentos/resumo-do-relatorio-leitura-em-reuniao. Acesso em: 20 nov. 2022.

CAMPANTE, Rubens Goyatá. Mineração e grandes acidentes de trabalho: a lógica subjacente. *Rev. Trib. Reg. Trab. 3ª Reg.*, Belo Horizonte, v. 65, n. 100, t. I, p. 445–489, jul./dez. 2019.

CAPPELLETTI, Mauro; GARTH, Brian. *Acesso à Justiça*. Porto Alegre: Fabris, 1978.

CARDOZO, F. A. C.; PIMENTA, M. M.; ZINGANO, A. C. Métodos Construtivos de barragens de rejeitos de mineração — uma revisão. *HOLOS*, ano 32, v. 8, p. 77-85, 2016. Disponível em: https://www.redalyc.org/articulo.oa?id=481554883008. Acesso em: 7 dez. 2022.

CARNAÚBA, Daniel Amaral. A responsabilidade civil pela perda de uma chance: a técnica na jurisprudência francesa. *Revista dos Tribunais*, v. 101, n. 922, p. 139-171, ago. 2012.

CARVALHO, Leandro Coelho de. *Solução de conflitos em ambientes dominados por litigantes habituais e os acordos individuais via Defensoria Pública em Brumadinho*. 2021. 183 f. Dissertação (Mestrado em Direito) – Programa de Pós-Graduação *stricto sensu* em Direito, Faculdade de Direito, Universidade Federal de Minas Gerais, Belo Horizonte, 2021.

CHINKIN, Christine M. The challenge of soft law: development and change in international law. *The International and Comparative Law Quarterly*, vol. 38, i. 4, oct. 1989, p. 850-866.

CHIRWA, Danwood M.; MKHONZA, Amanda ZT. The environment and social rights. *In*: BINDER, Cristina; HOFBAUER, Jane A.; PIOVESAN, Flávia; TORRES, Amaya Úbeda de (Eds.). *Research Handbook on Internacional Law and Social Rights*. Northampton: Eduard Elgar Publishing Limited, 2020. p. 480-494.

CIDH — Comisión Interamericana de Derechos Humanos. *Digesto de decisiones sobre admisibilidad y competencia de la comisión interamericana de derechos humanos*. [*S. l.*]: CIDH, 2020. Disponível em: https://www.oas.org/es/cidh/informes/pdfs/DigestoADM-es.pdf. Acesso em: 10 maio 2022.

______. *Caso da Comunidade Mayagna (Sumo) Awas Tingni* vs. *Nicarágua*. Sentença de 31 de agosto de 2001. Disponível em: https://www.corteidh.or.cr/docs/casos/articulos/seriec_79_por.pdf. Acesso em: 8 nov. 2023.

______. *Caso da Comunidade Indígena Xákmok Kásek vs. Paraguai*. Sentença de 24 de agosto de 2010. Disponível em: https://www.corteidh.or.cr/docs/casos/articulos/seriec_214_por.pdf. Acesso em: 8 nov. 2023.

______. *Caso do Povo Indígena Xucuru e seus Membros* vs. *Brasil*. Sentença de 5 de fevereiro de 2018. Disponível em: https://www.corteidh.or.cr/docs/casos/articulos/seriec_346_por.pdf. Acesso em: 8 nov. 2023.

______. *Caso Empregados da Fábrica de Fogos de Santo Antônio de Jesus e seus Familiares* vs. *Brasil.* Resumo oficial emitido pela Corte Interamericana de Direitos Humanos. Sentença de 15 de julho de 2020. Disponível em: https://www.corteidh.or.cr/docs/casos/articulos/resumen_407_por.pdf. Acesso em: 22 jan. 2024.

______. *Caso Favela Nova Brasília* vs. *Brasil.* Sentença de 16 de fevereiro de 2017. Disponível em: https://www.corteidh.or.cr/docs/casos/articulos/seriec_333_por.pdf. Acesso em: 8 nov. 2023.

______. *Caso Povo Indígena Kichwa de Sarayacu e seus membros* vs. *Equador.* Sentença de 27 de junho de 2012 (Mérito e Reparações). Disponível em: https://www.corteidh.or.cr/docs/casos/articulos/seriec_245_por.pdf. Acesso em: 8 nov. 2023.

______. *Caso Velásquez Rodríguez* vs. *Honduras.* Sentencia de 21 de julio de 1989 (Reparaciones y Costas). Disponível em: https://www.corteidh.or.cr/docs/casos/articulos/seriec_07_esp.pdf, Acesso em: 10 mar. 2024.

______. *Regulamento da Comissão Interamericana de Direitos Humanos.* Aprovado pela Comissão em seu 137º período ordinário de sessões, realizado de 28 de outubro a 13 de novembro de 2009. Disponível em: https://www.oas.org/xxxvga/portuguese/doc_referencia/Reglamento_CIDH.pdf. Acesso em: 6 maio 2022.

______. Relatório Anual 2000. *Relatório n. 54/01.* Caso 12.051. Maria da Penha Maia Fernandes, Brasil, 4 de abril de 2001. Disponível em: https://www.cidh.oas.org/annualrep/2000port/12051.htm. Acesso em: 21 set. 2022.

______. *Relatório n. 70/20.* Petição 2326-12. Admissibilidade. Jonatan Souza Azevedo. Brasil. 12 de março de 2020. Disponível em: https://www.oas.org/pt/cidh/decisiones/2020/brad2326-12po.pdf. Acesso em: 9 nov. 2023.

CINTRA, Antônio Carlos de Araújo; GRINOVER, Ada Pellegrini; DINAMARCO, Cândido Rangel. 4. ed. rev. e atual. *Teoria geral do processo.* São Paulo: Malheiros, 1974.

CNJ — Conselho Nacional de Justiça. *Relatório Anual 2022:* Unidade de Monitoramento e Fiscalização das Decisões da Corte Interamericana de Direitos Humanos — UMF/CNJ. Brasília, DF: CNJ, 2023. Disponível em: https://www.cnj.jus.br/wp-content/uploads/2023/05/relatorio-anual-umf-cnj-web-23-05-04.pdf. Acesso em: 24 jan. 2024. p. 48/60.

COMISSÃO da ONU cita caso de Brumadinho para recomendar reforço de medidas de segurança. *ONU News*, 1º fev. 2019. Disponível em: https://news.un.org/pt/story/2019/02/1657962. Acesso em: 23 fev. 2024.

COMPARATO, Fábio Konder. *A afirmação histórica dos direitos humanos.* 4. ed. São Paulo: Saraiva, 2005.

CONJUR. Relatório aponta causa do rompimento de barragem Brumadinho. *Consultor Jurídico*, 4 out. 2021. Disponível em: https://www.conjur.com.br/2021-out-04/relatorio-aponta-causa-rompimento-barragem-brumadinho/. Acesso em: 1º fev. 2024.

______. Supremo decide que é da Justiça Federal a competência para julgar 'caso Brumadinho'. *Consultor Jurídico*, 16 dez. 2022. Disponível em: https://www.conjur.com.br/2022-dez-16/stf-decide-justica-federal-competencia-julgar-brumadinho/#:~:text=%C3%89%20de%20compet%C3%AAncia%20da%20Justi%C3%A7a,)%2C%20por%20maioria%20de%20votos. Acesso em: 8 nov. 2023.

COSTA, Adriano Pessoa da; POMPEU, Gina Vidal Marcílio. Corte interamericana de direitos humanos e desmonetização da responsabilidade civil. *Civilista.com*, Rio de Janeiro, a. 5, n. 2, p. 9-33, dez. 2016.

COSTA, Nayara Mota; XAVIER, Fernando César Costa. O esquecido caso de "Belo Monte": análise constitucional e convencional. *Cadernos de Direito*, Piracicaba, v. 17, n. 33, p. 211-229, jul./dez. 2017.

COUTURE, Eduardo Juan. *Fundamentos del derecho procesal civil.* 3. ed. (póstuma), reimpresión. Buenos Aires: Depalma, 1974.

DESASTRE em Brumadinho. Em busca de sobreviventes em Brumadinho. 20 fotos, *El País*, 29 jan. 2019. Disponível em: https://brasil.elpais.com/brasil/2019/01/28/album/1548711209_397060.html. Acesso em: 30 nov. 2022.

DEZOITO barragens terão que passar por intervenções após MPMG e governo estadual analisarem 31 estruturas que estão em algum nível de emergência. *Ministério Público do Estado de Minas Gerais*, Notícias, Meio Ambiente, 19 jan. 2022. Disponível em: https://www.mpmg.mp.br/portal/menu/comunicacao/noticias/dezoito-barragens-terao-que-passar-por-intervencoes-apos-mpmg-e-governo-estadual-analisarem-31-estruturas-que-estao-em-algum-nivel-de-emergencia.shtml. Acesso em: 23 fev. 2024.

DIDIER JÚNIOR, Fredie. *Curso de direito processual civil:* v. 1. Teoria geral do processo e processo de conhecimento. 22. ed. rev., atual., e ampl. Salvador: Jus Podivm, 2020.

______. *Curso de direito processual civil*: v. 3. Meios de impugnação às decisões judiciais e processo nos tribunais. 17. ed. rev., atual., e ampl. Salvador: JusPodivm, 2020.

DIUANA, Rosana Batista Rabello Brisolla. Dano moral reflexo: a legitimação frente ao cenário constitucional. *Revista da EMERJ*, Rio de Janeiro, v. 13, n. 49, p. 276-301, 2010.

EÇA, Vitor Salino de Moura. Jurisdição da Corte Interamericana de Direitos Humanos. *In*: MARANHÃO, Ney; TUPIMANBÁ, Pedro Tourinho (Coords.). *Direito internacional do trabalho* – estudos em homenagem ao centenário da OIT. São Paulo: LTr, 2019. p. 248-254.

ESPECIALISTA da ONU diz que Brasil está seguindo "caminho trágico" na área das substâncias tóxicas. *ONU News*, 13 dez. 2019. Disponível em: https://news.un.org/pt/story/2019/12/1697921. Acesso em: 16 dez. 2022.

ESTADO notifica Vale para adoção de medidas em áreas impactadas do Rio Paraopeba. *Igam*, Banco de Notícias, 18 jan. 2022. Disponível em: http://www.igam.mg.gov.br/banco-de-noticias/2725-estado-notifica-vale-para-adocao-de-medidas-em-areas-impactadas-do-rio-paraopeba. Acesso em: 1º dez. 2022.

FAJNGOLD, Leonardo. *Dano moral e reparação não pecuniária:* sistemática e parâmetros. São Paulo: Thomson Reuters Brasil, 2021.

FARIA, Mário Parreiras. O rompimento de barragens de rejeitos: o desafio da prevenção. In: SOUZA, Adriana Augusta de Moura *et al.* (Coords.). *Grandes Acidentes do Trabalho no Brasil* — repercussões jurídicas e abordagem multidisciplinar. Belo Horizonte: RTM, 2021. p. 187–200.

FARIA, Mário Parreiras; DWYER, Tom. Safety and health in mining in Brazil. *Arbete och Hälsa* (Work and Health), Gothenburg, vol. 47, p. 150-159, 2013.

FARIAS, Cristiano Chaves de; ROSENVALD, Nelson; BRAGA NETTO, Felipe Peixoto. *Curso de direito civil:* volume 3: responsabilidade civil. 2. ed. rev., ampl. e atual. São Paulo: Atlas, 2015.

FEAM — Fundação Estadual do Meio Ambiente. *Portaria FEAM n. 678, de 06 de maio de 2021.* Estabelece regras para o credenciamento de auditores para a prestação de serviços de auditoria técnica de segurança de barragens no âmbito da Política Estadual de Segurança de Barragens e dá outras providências. Belo Horizonte: FEAM, 6 abr. 2021. Disponível em: https://www.siam.mg.gov.br/sla/download.pdf?idNorma=53740. Acesso em: 4 mar. 2024.

______. *Sistema de Informações de Gerenciamento de Barragens* — Sigibar. Última atualização em 26 de junho de 2023. Disponível em: http://www.feam.br/gestao-de-barragens/sistema-de-informacoes-de-gerenciamento-de-barragens-sigibar. Acesso em: 8 nov. 2023.

FELICIANO, Guilherme Guimaraes; PASQUALETO, Olívia de Quintana Figueredo. A (in) efetividade dos princípios jurídico-ambientais nos grandes acidentes de trabalho e a responsabilização empregador-poluidor: uma análise do caso de "Brumadinho". In: SOUZA, Adriana Augusta de Moura *et al.* (Coords.). *Grandes Acidentes do Trabalho no Brasil* – repercussões jurídicas e abordagem multidisciplinar. Belo Horizonte: RTM, 2021. p. 129–153.

FORD, Henry. *The international jew:* the world's foremost problem. New York: Kessinger Publishing. 2003.

FREITAS, Rafael Mendes de Freitas. *Proposta de melhoria do processo de definição da área diretamente afetada pelo rejeito nas regiões encobertas pela vegetação:* estudo de caso: Barragem B1 da Mina Córrego do Feijão – Brumadinho – MG. 2021. 60 f. Dissertação (Mestrado em Análise e Modelagem de Sistemas Ambientais) – Universidade Federal de Minas Gerais, Belo Horizonte, 2021.

GAGLIANO, Pablo Stolze; PAMPLONA FILHO, Rodolfo. *Novo curso de direito civil:* volume III: Responsabilidade civil. 14. ed. São Paulo: Saraiva, 2016.

GALVÃO, Daniel de Faria. *A face devastadora da mineração*: impactos da atividade mineradora sobre o direito laboral, as relações de trabalho e o meio-ambiente. 2020.

93 f. Dissertação (Mestrado em Direito) – Faculdade de Direito e Ciências do Estado Universidade Federal de Minas Gerais, Belo Horizonte, 2020.

GARCIA, Emerson (Org.). *Corte Interamericana de Direitos Humanos* — Casos da República Federativa do Brasil. Revista do Ministério Público do Estado do RJ. Rio de Janeiro: MPRJ, 2021.

GARCIA, Gustavo Felipe. *Manual de direito previdenciário.* Salvador: JusPodivm, 2018.

GOMES, Lucas Henrique; ALVES, Fransciny. TRAGÉDIA — Pousada em Brumadinho foi destruída com 35 pessoas no local. *O Tempo*, Cidades, 28 jan. 2019. Disponível em: https://www.otempo.com.br/cidades/pousada-em-brumadinho-foi-destruida-com-35-pessoas-no-local-1.2127989. Acesso em: 30 nov. 2022.

HISTÓRICO do rompimento das barragens da Vale na Mina Córrego do Feijão. *Governo do Estado de Minas Gerais*, Pró-Brumadinho, [2022]. Disponível em: https://www.mg.gov.br/pro-brumadinho/pagina/historico-do-rompimento-das-barragens-da-vale-na-mina-corrego-do-feijao. Acesso em: 12 dez. 2022.

IGAM — Instituto Mineiro de Gestão das Águas. *Avaliação da qualidade das águas e sedimentos do Rio Paraopeba:* acompanhamento da qualidade das águas do Rio Paraopeba após 3 anos do rompimento da barragem da Mina Córrego Feijão da Mineradora Vale S/A – Brumadinho/MG / Instituto Mineiro de Gestão das Águas. Belo Horizonte: Igam, 2022. Disponível em: http://www.feam.br/images/stories/2022/RECUPERACAO_PARAOPEBA/Caderno_3_anos__06_07_2022.pdf. Acesso em: 1º dez. 2022.

IMAGENS de satélite mostram antes e depois do rompimento da barragem em Brumadinho. *G1*, Minas Gerais, Notícia, 29 jan. 2019. Disponível em: https://g1.globo.com/mg/minas-gerais/noticia/2019/01/29/veja-imagens-de-antes-e-depois-do-rompimento-da-barragem-em-brumadinho.ghtml. Acesso em: 30 nov. 2022.

INTER-AMERICAN COMMISSION ON HUMAN RIGHTS. *Climate Emergency:* Scope of Inter-American Human Rights Obligations – Resolution 3/2021. (Adopted by the IACHR on December 31st, 2021). [*S. l.*]: Organization of American States, [2021]. Disponível em: https://www.oas.org/en/iachr/decisions/pdf/2021/resolucion_3-21_ENG.pdf. Acesso em: 30 jan. 2024.

______S. Follow-up of recommendations issued by the IACH in its country or thematic reports: Brazil. In: IACHR. *Annual report of the Inter-American Commission on Human Rights*, 2022. [Washington, D.C.]: Organization of American States, [2023]. chap. 5, p. 784–869. Disponível em: https://www.oas.org/en/iachr/docs/annual/2022/Chapters/IA2022_Cap_5_BR_EN.docx. Acesso em: 30 jan. 2024.

JUCÁ, Beatriz. As 50 barragens em alto risco que mantêm a bomba-relógio da mineração em Minas. *El País*, Brasil, 23 jan. 2020. Disponível em: https://brasil.elpais.com/brasil/2020-01-23/as-50-barragens-em-alto-risco-que-mantem-a-bomba-relogio-da-mineracao-em-minas.html. Acesso em: 30 nov. 2022.

KEDZIA, Zdzislaw (Dzidek). Social rights protection under the ICESCR and its Optional Protocol — the role of the Committee on Economic, Social and Cultural Rights. In: BINDER, Cristina; HOFBAUER, Jane A.; PIOVESAN, Flávia; TORRES, Amaya Úbeda de (Eds.). *Research Handbook on Internacional Law and Social Rights*. Northampton: Eduard Elgar Publishing Limited, 2020. p. 90-110.

KERTZMAN, Ivan. *Curso prático de direito previdenciário*. 14. ed. rev., ampl. e atual. Salvador: JusPodivm, 2016.

KUHN, Thomas S. *A estrutura das revoluções científicas*. São Paulo: Perspectiva, 1987.

MAB — Movimento dos Atingidos por Barragens. [*Homepage*]. c2024. Disponível em: https://mab.org.br/. Acesso em: 1º fev. 2024.

MACGREGOR, Eduardo Ferrer. Social rights in the jurisprudence of the Inter-American Court of Human Rights. In: BINDER, Cristina; HOFBAUER, Jane A.; PIOVESAN, Flávia; TORRES, Amaya Úbeda de (Eds.). *Research Handbook on Internacional Law and Social Rights*. Northampton: Eduard Elgar Publishing Limited, 2020. p. 173-187.

MARSHALL, Thomas Humphrey. *Cidadania, classe e status social*. Rio de Janeiro: Zahar, 1967.

MAZZUOLI, Valerio de Oliveira; TEIXEIRA, Gustavo de Faria Moreira. O direito internacional do meio ambiente e o *greening* da Convenção Americana sobre Direitos Humano. *Anuario Mexicano de Derecho Internacional*, México, D.F., vol. XIII, p. 145-203, 2013.

MELLO, Roberta Salvático Vaz de. *As tragédias de Mariana e Brumadinho:* danos existenciais e responsabilidade civil. Belo Horizonte: Expert, 2022.

______. *A reparação e compensação dos danos existenciais e a função precaucional preventiva da responsabilidade civil:* uma análise a partir das tragédias de Mariana e de Brumadinho. 2021. Tese (Doutorado em Direito) – Faculdade de Direito, Universidade Federal de Minas Gerais, Belo Horizonte, 2021.

MIGOTO FILHO, Tadeu José. *Necropolítica através de suas influências: Achille Mbembe na Encruzilhada entre Estado de Exceção, Biopoder e Colonialidade*. Dissertação de mestrado, Programa de Pós-Graduação em Filosofia, na Universidade Estadual de Londrina, Londrinha, 2022.

MILAGRES, Leonardo; MANSUR, Rafaela. Brumadinho: há 5 anos, 270 pessoas desapareciam sob lama de barragem da Vale; ninguém foi punido. *G1*, Minas Gerais, Notícia, 25 jan. 2024. Disponível em: https://g1.globo.com/mg/minas-gerais/noticia/2024/01/25/brumadinho-ha-5-anos-270-pessoas-desapareciam-sob-lama-de-barragem-da-vale-ninguem-foi-punido.ghtml. Acesso em: 31 jan. 2024.

MINAS GERAIS. *Decreto n. 48.078, de 05.11.2020*. Regulamenta os procedimentos para análise e aprovação do Plano de Ação de Emergência — PAE, estabelecido no art. 9º da Lei n. 23.291, de 25 de fevereiro de 2019, que instituiu a Política Estadual de Segurança de Barragens. Belo Horizonte: Assembleia Legislativa de Minas Gerais, 2020. Disponível em: https://www.almg.gov.br/legislacao-mineira/texto/DEC/48078/2020/?cons=1. Acesso em: 04 mar. 2024.

______. *Decreto n. 48.140, de 25.02.2021*. Regulamenta dispositivos da Lei n. 23.291, de 25 de fevereiro de 2019, que institui a Política Estadual de Segurança de Barragens, estabelece medidas para aplicação do art. 29 da Lei n. 21.972, de 21 de janeiro de 2016, e dá outras providências. Belo Horizonte: Assembleia Legislativa de Minas Gerais, 2021. Disponível em: https://www.almg.gov.br/legislacao-mineira/texto/DEC/48140/2021/?cons=1. Acesso em: 04 mar. 2024.

______. Tribunal de Justiça do Estado de Minas Gerais. 1ª Vara da Fazenda Pública e Autarquias da Comarca de Belo Horizonte. *Ação Civil Pública n. 5013909-51.2019.8.13.0024*. Autores: Estado de Minas Gerais, MPE-MG. Ré: Vale S/A. Disponível em: https://pje-consulta-publica.tjmg.jus.br/pje/ConsultaPublica/DetalheProcessoConsultaPublica/listView.seam?ca=7578410910cdfdd18b55d126e90ef9e6c3d2d35fb0f67868. Acesso em: 31 jan. 2024.

______. Tribunal de Justiça do Estado de Minas Gerais. 2ª Vara da Fazenda Pública e Autarquias da Comarca de Belo Horizonte. *Ação Civil Pública n.º 5044954-73.2019.8.13.0024*. Autores: Estado de Minas Gerais, MPE-MG, DPMG. Ré: Vale S/A. Disponível em: https://www.jusbrasil.com.br/processos/222483748/processo-n-504XXXX-7320198130024-do-tjmg?query_id=76a6fea3-b3e2-4791-949d-009b4f9c2368. Acesso em: 31 jan. 2024.

______. Tribunal de Justiça do Estado de Minas Gerais. 2ª Vara da Fazenda Pública e Autarquias da Comarca de Belo Horizonte. *Publicação extraída da página 1.323 do Diário de Justiça do Estado de Minas Gerais, Belo Horizonte*. Autor: MPE-MG e Outros. Réu: Vale S/A. Disponível em: https://www.jusbrasil.com.br/processos/222483748/processo-n-504XXXX-7320198130024-do-tjmg?query_id=76a6fea3-b3e2-4791-949d-009b4f9c2368, Acesso em: 31 jan. 2024.

______. Tribunal de Justiça do Estado de Minas Gerais. 5ª Vara do Trabalho de Betim-MG. *Decisão de Tutela Antecipada Antecedente 0010080-15.2019.5.03.0142*. Juíza: Renata Lopes Vale. Belo Horizonte, 28 jan. 2019. Disponível em: https://pje-consulta.trt3.jus.br/consultaprocessual/detalhe-processo/0010080-15.2019.5.03.0142/1#aa55800. Acesso em: 1º fev. 2024.

______. Tribunal de Justiça do Estado de Minas Gerais. *Acordo Judicial para Reparação Integral Relativa ao Rompimento das Barragens B-I, B-IV e B-IVA / Córrego do Feijão*. Processo de Mediação SEI n. 0122201-59.2020.8.13.0000 TJMG / CEJUSC 2º GRAU. Belo Horizonte, 4 fev. 2021. Disponível em: https://www.tjmg.jus.br/data/files/8D/20/B5/1A/87D67710AAE827676ECB08A8/Minuta%20versao%20final.pdf.pdf. Acesso em: 19 fev. 2024.

______. Tribunal de Justiça do Estado de Minas Gerais. Publicado na página 5 do Ministério Público do Estado de Minas Gerais (MP-MG) de 9 de Junho de 2022, Estado de Minas Gerais, Ministério Público do Estado de MG e Defensoria Pública do Estado de MG e ré a Vale S/A, Disponível em: https://www.jusbrasil.com.br/diarios/1187218179/mp-mg-09-06-2022-pg-5/pdfView. Acesso em: 31 jan. 2024.

MINISTÉRIO PÚBLICO DO ESTADO DE MINAS GERAIS. *Termo de Ajustamento de Conduta (TAC) n. 3/2022*. Termo de compromisso celebrado pelo MPF, MPE, Estado de Minas Gerais, Semad e FEAM com a Vale S.A. – descaracterização de barragens. Belo Horizonte, 22 fev. 2022. Disponível em: https://apps.mpf.mp.br/aptusmpf/index2#/detalhe/410000000000117569898?modulo=0&sistema=portal. Acesso em: 5 ago. 2023.

______. *Termo de Ajustamento de Conduta (TAC) n. 187/2019*. Termo de compromisso que firmam Ministério Público do Estado de Minas Gerais, Ministério Público do Trabalho e Vale S.A., com interveniência da Rizzo International Inc. e do Estado de Minas Gerais. Belo Horizonte, 23 set. 2019. Disponível em: https://www.prt3.mpt.mp.br/servicos/termos-de-ajuste-de-conduta?task=baixa&format=raw&arq=kMEIB_GI2y8T7BEtVCO4T1k6OUJcg8TUeG-z1dt5ZuoSY3AZL9S9R4X847eLUH_hzvXC23ryDDyDD8F_-B8MBw. Acesso em: 16 mar. 2024.

______. *Termo de Ajustamento de Conduta (TAC) n. 212/2019*. Termo de compromisso que firmam Ministério Público do Estado de Minas Gerais, Ministério Público do Trabalho e Vale S.A., com interveniência da SLR Consulting Canada e do Estado de Minas Gerais. [*S. l.*], 10 dez. 2019a [assinatura eletrônica]. Disponível em: https://www.prt3.mpt.mp.br/servicos/termos-de-ajuste-de-conduta?task=baixa&format=raw&arq=WbxzXiikvfoq_q8-bvePe60h64IFAdjix6mvu1cN4Sp_BUMGNLc7kwini64B2fMNSn9OJ-4pKaQpEATuY7yJOQ. Acesso em: 16 mar. 2024.

______. *Termo de Ajustamento de Conduta (TAC) n. 213/2019*. Termo de compromisso que firmam Ministério Público do Estado de Minas Gerais, Ministério Público do Trabalho e Vale S.A., com interveniência da SLR Consulting Canada e do Estado de Minas Gerais. [*S. l.*], 10 dez. 2019b [assinatura eletrônica]. Disponível em: https://www.prt3.mpt.mp.br/servicos/termos-de-ajuste-de-conduta?task=baixa&format=raw&arq=WbxzXiikvfoq_q8-bvePe60h64IFAdjix6mvu1cN4Sr30_QH6veP8NAw38qUidwmjUtlY_GD0ageeSWfXg0DgA. Acesso em: 16 mar. 2024.

______. *Termo de Compromisso [TAC n. 3/2022]*. Celebrado pelo MPF, Ministério Público do Estado de Minas Gerais, Semad e FEAM com a Vale S.A. Belo Horizonte, 22 fev. 2022. Disponível em: https://apps.mpf.mp.br/aptusmpf/protected/download/recuperarIntegraUnico?modulo=0&sistema=portal&etiqueta=PR-MG-00019114%2F2022. Acesso em: 5 ago. 2023.

EM DIA com o caso Vale/Brumadinho. *Ministério Público do Trabalho de Minas Gerais*, Notícias, [2023]. Disponível em: https://www.prt3.mpt.mp.br/comunicacao/noticias-do-mpt-mg/1072-barragens. Acesso em: 28 mar. 2023.

MBEMBE, Achille. *Poder Brutal, Resistência Visceral*. São Paulo: N-1 edições, 2019b.

MOGENSTERN, Norbert *et al*. *Relatório sobre as Causas Imediatas da Ruptura da Barragem de Fundão*. [*S. l.*]: Fundação Renova, 2016. Disponível em: https://www.fundacaorenova.org/wp-content/uploads/2017/10/Relatorio-sobre-as-Causas-Imediatas-da-Ruptura-da-Barragem-de-Fundao.pdf. Acesso em: 8 abr. 2018.

MORAES, Maria Valentina de; LEAL, Mônia Clarissa Hennig. Casos Lagos Del Campo X Acevedo Buendía: Nova Interpretação da Corte Interamericana de Direitos Humanos Quanto à Justiciabilidade dos Direitos Sociais? *Direito Público*, Brasília, v. 19, n. 104, p. 399-425, out./dez. 2022. Disponível em: https://www.portaldeperiodicos.idp.edu.br/direitopublico/article/view/6526/2903. Acesso em: 10 nov. 2023.

MPMG ATUA para garantir a segurança de 10 outras barragens da Vale. *Ministério Público do Estado de Minas Gerais*, Notícias, 8 fev. 2019. Disponível em: https://www.mpmg.mp.br/portal/menu/comunicacao/noticias/mpmg-atua-para-garantir-a-seguranca-de-10-outras-barragens-da-vale.shtml. Acesso em: 16 mar. 2024.

MPMG E GOVERNO de Minas Gerais firmam Termo de Compromisso com a Vale para garantir pagamento de dano moral coletivo por não cumprimento do prazo para descaracterização de barragens. *Ministério Público do Estado de Minas Gerais*, Notícias, Meio Ambiente, 25 fev. 2022. Disponível em: https://www.mpmg.mp.br/portal/menu/comunicacao/noticias/mpmg-e-governo-de-minas-gerais-firmam-termo-de-compromisso-com-a-vale-para-garantir-pagamento-de-dano-moral-coletivo-por-nao-cumprimento-do-prazo-para-descaracterizacao-de-barragens-8A9480677DC8F680017F32D5D13F4D0E-00.shtml,. Acesso em: 1º fev. 2024.

MPMG e MPF aditam acordo com a Vale para adequar e aprimorar a segurança de 89 barragens no estado. *Ministério Público do Estado de Minas Gerais*, Notícias, Meio Ambiente, 25 ago. 2022. Disponível em: https://www.mpmg.mp.br/portal/menu/comunicacao/noticias/mpmg-e-mpf-aditam-acordo-com-a-vale-para-adequar-e-aprimorar-a-seguranca-de-89-barragens-no-estado.shtml . Acesso em: 1º fev. 2024.

NASCIMENTO E SILVA, G. E.; ACCIOLY, Hildebrando. *Manual de direito internacional público*. 15. ed. rev. e atual. São Paulo: Saraiva, 2002.

NOTA à imprensa — PF conclui inquérito sobre o rompimento da barragem da Vale em Brumadinho. *Gov.br*, Polícia Federal, Notícias, 31 out. 2021. Disponível em: https://www.gov.br/pf/pt-br/assuntos/noticias/2021/11/pf-conclui-inquerito-sobre-o-rompimento-da-barragem-da-vale-em-brumadinho. Acesso em: 2 fev. 2024.

NUNES, Dierle; BAHIA, Alexandre; PEDRON, Flávio. *Teoria geral do processo*. 2. ed. rev., atual. e ampl. Salvador: JusPodivm, 2021.

OEA — Organização dos Estados Americanos. Comissão Interamericana de Direitos Humanos. *Medidas Cautelares*: Outorgamentos e extensões. Brasil, 2019. Disponível em: https://www.oas.org/pt/CIDH/decisiones/MC/cautelares.asp?Year=2019&Country=BRA. Acesso em: 1º fev. 2024.

______. Comissão Interamericana de Direitos Humanos. *Medidas Cautelares:* Outorgamentos e extensões. Brasil, 2020. Disponível em: https://www.oas.org/pt/CIDH/decisiones/MC/cautelares.asp?Year=2020&Country=BRA. Acesso em: 1º fev. 2024.

______. Comissão Interamericana de Direitos Humanos. *Medidas Cautelares:* Outorgamentos e extensões. Brasil, 2021. Disponível em: https://www.oas.org/pt/CIDH/decisiones/MC/cautelares.asp?Year=2021&Country=BRA. Acesso em: 1º fev. 2024.

______. Comissão Interamericana de Direitos Humanos. *Medidas Cautelares:* Outorgamentos e extensões. Brasil, 2022. Disponível em: https://www.oas.org/pt/CIDH/decisiones/MC/cautelares.asp?Year=2022&Country=BRA. Acesso em: 1º fev. 2024.

______. Comissão Interamericana de Direitos Humanos. *Medidas Cautelares:* Outorgamentos e extensões. Brasil, 2023. Disponível em: https://www.oas.org/pt/CIDH/decisiones/MC/cautelares.asp?Year=2023&Country=BRA. Acesso em: 1º fev. 2024.

______. Comissão Interamericana de Direitos Humanos. *Relatórios de Inadmissibilidade.* Brasil.2023.Disponível em: https://www.oas.org/pt/cidh/decisiones/pc/inadmisibilidades.asp?Year=2023&Country=BRA. Acesso em: 20 fev. 2024.

______. Comissão Interamericana de Direitos Humanos. *Relatórios de Inadmissibilidade.* Todos os Estados Membros. 2019. Disponível em: https://www.oas.org/pt/cidh/decisiones/pc/inadmisibilidades.asp?Year=2019. Acesso em:20 out. 2022.

______. Comissão Interamericana de Direitos Humanos. *Relatórios de Admissibilidade.* Todos os Estados Membros. 2019. Disponível em: https://www.oas.org/pt/cidh/decisiones/pc/admisibilidades.asp?Year=2019. Acesso em: 20 out. 2022.

______. Comissão Interamericana de Direitos Humanos. *Relatórios de Inadmissibilidade.* Todos os Estados Membros. 2020. Disponível em: https://www.oas.org/pt/cidh/decisiones/pc/inadmisibilidades.asp?Year=2020. Acesso em: 20 out. 2022.

______. Comissão Interamericana de Direitos Humanos. *Relatórios de Admissibilidade.* Todos os Estados Membros. 2020. Disponível em: https://www.oas.org/pt/cidh/decisiones/pc/admisibilidades.asp?Year=2020. Acesso em: 20 out. 2022.

______. Comissão Interamericana de Direitos Humanos. *Relatórios de Admissibilidade.* Brasil. 2019. Disponível em: https://www.oas.org/pt/cidh/decisiones/pc/admisibilidades.asp?Year=2019&Country=BRA. Acesso em: 9 nov. 2023.

______. Comissão Interamericana de Direitos Humanos. *Relatórios de Admissibilidade.* Brasil. 2021. Disponível em: https://www.oas.org/pt/cidh/decisiones/pc/admisibilidades.asp?Year=2021&Country=BRA. Acesso em: 9 nov. 2023.

______. Comissão Interamericana de Direitos Humanos. *Relatórios de Admissibilidade.* Brasil. 2022. Disponível em: https://www.oas.org/pt/cidh/decisiones/pc/admisibilidades.asp?Year=2022&Country=BRA. Acesso em: 9 nov. 2023.

______. Comissão Interamericana de Direitos Humanos. *Relatórios de Admissibilidade*. Brasil. 2023. Disponível em: https://www.oas.org/pt/cidh/decisiones/pc/admisibilidades.asp?Year=2023&Country=BRA. Acesso em: 9 nov. 2023.

______. Comissão Interamericana de Direitos Humanos. *Relatórios de Inadmissibilidade*. Todos os Estados Membros. 2021. Disponível em: https://www.oas.org/pt/cidh/decisiones/pc/inadmisibilidades.asp?Year=2021. Acesso em: 20 out. 2022.

______. Comissão Interamericana de Direitos Humanos. *Relatórios de Inadmissibilidade*. Todos os Estados Membros. 2022. Disponível em: https://www.oas.org/pt/cidh/decisiones/pc/inadmisibilidades.asp?Year=2022. Acesso em: 20 out. 2022.

______. Comissão Interamericana de Direitos Humanos. *Relatórios de Inadmissibilidade*. [2022]. Disponível em: https://www.oas.org/pt/cidh/decisiones/pc/inadmisibilidades.asp. Acesso em: 9 nov. 2022.

______. Comissão Interamericana de Direitos Humanos. *Sobre as medidas cautelares*. c2024. Disponível em: https://www.oas.org/pt/cidh/jsForm/?File=/pt/cidh/decisiones/mc/sobre-cautelares.asp. Acesso em: 24 jan. 2024.

______. *Convenção Americana de Direitos Humanos*. Assinada na Conferência Especializada Interamericana sobre Direitos Humanos, "Pacto de San José de Costa Rica". San José, Costa Rica, em 22 de novembro de 1969. Disponível em: https://www.cidh.oas.org/basicos/portugues/c.convencao_americana.htm. Acesso em: 24 fev. 2024.

______. *Protocolo Adicional à Convenção Americana sobre Direitos Humanos em Matéria de Direitos Econômicos, Sociais e Culturais*. "Protocolo de San Salvador". San Salvador, El Salvador, 17 nov. 1988. Disponível em: https://www.oas.org/juridico/portuguese/treaties/a-52.htm. Acesso em: 24 fev. 2024.

OIT — Organização Internacional do Trabalho. *Convenção n. 148*. Contaminação do Ar, Ruído e Vibrações. Aprovada na 63ª reunião da Conferência Internacional do Trabalho, Genebra, 20 de junho de 1977. Disponível em: https://www.ilo.org/brasilia/convencoes/WCMS_236121/lang--pt/index.htm. Acesso em: 24 fev. 2024.

______. *Convenção n. 155*. Segurança e Saúde dos Trabalhadores. Aprovada na 67ª reunião da Conferência Internacional do Trabalho, Genebra, 1981. Disponível em: https://www.ilo.org/brasilia/convencoes/WCMS_236163/lang--pt/index.htm. Acesso em: 9 dez. 2022.

______. *Convenção n. 161*. Serviços de Saúde do Trabalho. Aprovada na 71ª reunião da Conferência Internacional do Trabalho, Genebra, 7 de junho de 1985. Disponível em: https://www.ilo.org/brasilia/convencoes/WCMS_236240/lang--pt/index.htm. Acesso em: 24 fev. 2024.

______. *Convenção n. 174*. Sobre a Prevenção de Acidentes Industriais Maiores. Aprovada na 80ª reunião da Conferência Internacional do Trabalho, Genebra, 2 de junho de 1993. Disponível em: https://www.ilo.org/wcmsp5/groups/public/---ed_norm/---normes/documents/normativeinstrument/wcms_c174_pt.htm. Acesso em: 9 dez. 2022.

______. *Convenção n. 81.* Inspeção do Trabalho na Indústria e no Comércio. Aprovada na 30ª reunião da Conferência Internacional do Trabalho, Genebra, 19 de junho de 1947. Disponível em: https://www.ilo.org/brasilia/convencoes/WCMS_235131/lang--pt/index.htm. Acesso em: 24 fev. 2024.

OLIVEIRA, Sebastião Geraldo de. O dia nacional das vítimas de acidentes do trabalho e o imperativo da prevenção. In: SOUZA, Adriana Augusta de Moura *et al.* (Coords.). *Grandes Acidentes do Trabalho no Brasil* — repercussões jurídicas e abordagem multidisciplinar. Belo Horizonte: RTM, 2021. p. 15-41.

OPERAÇÃO Brumadinho completa mil dias. *Corpo de Bombeiros Militar de Minas Gerais*, Notícias, 21 out. 2021. Disponível em: https://www.bombeiros.mg.gov.br/operacao-brumadinho-completa-mil-dias. Acesso em: 31 jan. 2024.

OPERAÇÃO Brumadinho completa três anos. *Corpo de Bombeiros Militar de Minas Gerais*, Notícias, 25 jan. 2022. Disponível em: https://www.bombeiros.mg.gov.br/operacao-brumadinho-completa-tres-anos. Acesso em: 16 dez. 2022.

PEREIRA, Caio Mário da Silva. *Instituições de direito civil:* vol. 3: Contratos. 15. ed. rev. e atual. Rio de Janeiro: Forense, 2003.

PEREIRA, Dulce Maria; FREITAS, Suzy Magaly; GUIMARÃES, Hellen Oscarina; MÂNGIA, André Alckmin. Brumadinho: muito mais do que um desastre tecnológico. *Revista da Universidade Federal de Minas Gerais*, v. 27, n. 2, p. 332–355, 2021. Disponível em: https://periodicos.ufmg.br/index.php/revistadaufmg/article/view/21649/28603. Acesso em: 15 fev. 2024.

PIMENTEL, Fernanda. Colégio de Entidades Nacionais debate segurança de barragens. *Conselho Federal de Engenharia e Agronomia*, Brasília, 6 de junho de 2022. Disponível em: https://www.confea.org.br/colegio-de-entidades-nacionais-debate-seguranca-de-barragens. Acesso em: 6 dez. 2022.

PIOVESAN, Flávia. *Direitos humanos e o direito constitucional internacional.* 20. ed. São Paulo: Saraiva, 2022.

PIOVESAN, Flávia; CRUZ, Julia Cunha. *Curso de direitos humanos:* sistema interamericano. Rio de Janeiro: Forense, 2021.

PIOVESAN, Flávia; FACHIN, Melina Giradi; MAZZUOLI, Valério de Oliveira. *Comentários à Convenção Americana sobre Direitos Humanos.* Rio de Janeiro: Forense, 2019.

PODER 360. Relatório da PF sobre Brumadinho continua em sigilo após 4 anos. *Poder 360*, 25 jan. 2023. Disponível em: https://www.poder360.com.br/justica/relatorio-da-pf-sobre-brumadinho-continua-em-sigilo-apos-4-anos/. Acesso em: 2 fev. 2024.

PODER Público pede imediata condenação da Vale ao ressarcimento do Estado e pagamento de danos morais e sociais por rompimento da barragem em Brumadinho. *Defensoria Pública de Minas Gerais*, 26 ago. 2020. Disponível em: https://defensoria.

mg.def.br/poder-publico-pede-imediata-condenacao-da-vale-ao-ressarcimento-do-estado-e-pagamento-de-danos-morais-e-sociais-por-rompimento-da-barragem-em-brumadinho/#:~:text=Estudo%20elaborado%20pela%20Funda%C3%A7%C3%A3o%20Jo%C3%A3o,valores%20da%20Vale%20S%2FA. Acesso em: 2 fev. 2024.

POLI, Leonardo Macedo. Ato Ilícito. In: FIUZA, César; GODINHO, Adriano Marteleto (org.). *Curso avançado de direito civil.* 2. ed. Rio de Janeiro: Forense, 2009. p. 569-586.

POLI, Leonardo Macedo; LIMA, Taisa Maria Macena de. A reparação do dano extrapatrimonial em ricochete: uma questão de princípios. *Caderno de Relações Internacionais*, v. 12, n. 22, p. 253-283, jan./jun. 2021. Disponível em: https://revistas.faculdadedamas.edu.br/index.php/relacoesinternacionais/article/view/1839/1325. Acesso em: 29 jan. 2024.

PRESIDENTE do TJMG homologa acordo histórico entre a Vale e instituições públicas. *Tribunal de Justiça do Estado de Minas Gerais*, Notícias, 4 fev. 2021. Disponível em: https://www.tjmg.jus.br/portal-tjmg/noticias/presidente-do-tjmg-anuncia-acordo-historico-entre-a-vale-e-as-instituicoes-publicas-8A80BCE676728EAA01776D32461E7848.htm#.Y4YpMcvMI2w. Acesso em: 22 nov. 2022.

QUINTÃO, André (Org.). *Opção pelo risco:* Causas e consequências da tragédia de Brumadinho: a CPI da ALMG. Belo Horizonte: Scriptum, 2021.

RABASA SALINAS, Alejandra *et al.* (Orgs.). *Contenido y alcance del derecho humano a un medio ambiente sano*. México: Suprema Corte de Justicia de la Nación, 2022.

RAGAZZI, Lucas; ROCHA, Murilo. *Brumadinho:* a engenharia de um crime. Belo Horizonte: Letramento. 2019.

RELATÓRIO aponta falhas que contribuíram para rompimento da barragem da Vale S.A em Brumadinho. *Ministério Público do Trabalho em Minas Gerais*, 30 set. 2019. Disponível em: https://www.prt3.mpt.mp.br/procuradorias/prt-belohorizonte/1246-relatorio-aponta-falhas-que-contribuiram-para-rompimento-da-barragem-da-vale-em-brumadinh. Acesso em: 2 fev. 2024.

ROSENVALD, Nelson. Por uma tipologia aberta dos danos extrapatrimoniais. *Migalhas*, Migalhas de Responsabilidade Civil, 23 abr. 2020. Disponível em: https://www.migalhas.com.br/coluna/migalhas-de-responsabilidade-civil/325209/por-uma-tipologiaaberta-dos-danos-extrapatrimoniais. Acesso em: 1º jul. 2020.

SARLET, Ingo Wolfgang. Art. 5º, § 2º, In: CANOTILHO, J. J. Gomes *et al.* (Coords.). *Comentários à Constituição do Brasil*. 2. ed. São Paulo: Saraiva Educação, 2018. p. 549–551.

SCHREIBER, Anderson. *Novos paradigmas da responsabilidade civil:* da erosão dos filtros da reparação à diluição dos danos. 6. ed. São Paulo: Atlas, 2015.

SECRETARIA DE SAÚDE DO ESTADO DE MINAS GERAIS. *Boletim Informativo:* Qualidade da água para consumo humano em soluções alternativas de abastecimento em municípios atingidos pelo desastre da Vale S.A. em Brumadinho, Minas Gerais (2019-

2021). Belo Horizonte: [*s. n.*], 2022. Disponível em: https://www.saude.mg.gov.br/images/Boletim%20Informativo%20Brumadinho%202022.pdf. Acesso em: 9 mar. 2024.

SEFERIAN, Gustavo. Duas provocações ecossocialistas e abolicionistas à luz dos desastres empresariais de Mariana e Brumadinho. *InSURgência:* revista de direitos e movimentos sociais, Brasília, ano 5, v. 5, n. 2, p. 166-187, 2019.

SHELTON, Dinah L.; KISS, Alexandre. *Guide to International Environmental Law.* Leiden; Boston: Martinus Nijhoff Publishers, 2007.

SILVA, Tédney Moreira da; VIEIRA, Héctor Luís Cordeiro; CARVALHO, José Lucas Santos. O Direito à Saúde dos Povos Indígenas e os Desafios da Perpetuidade da Política Indigenista Integracionista no Brasil. *Direito Público*, Brasília, v. 17, n. 96, p. 279-307, nov./dez. 2021. Disponível em: https://www.portaldeperiodicos.idp.edu.br/direitopublico/article/view/4582. Acesso em: 29 jan. 2024.

SILVA, Washington Pirete da. *Estudo do potencial de liquefação estática de uma barragem de rejeito alteada para montante aplicando a metodologia de Olson (2001).* 2010. 120 f. Dissertação (Mestrado em Engenharia Geotécnica) – Universidade Federal de Ouro Preto, Ouro Preto, 2010.

SOUZA, Geraldo Emediato de. Do desastre ao acordo entre o MPT e a Vale S/A. Brumadinho: balanço dos seis meses. *Revista Balanço da atuação caso Vale Brumadinho*, Belo Horizonte, MPT-MG, jul. 2020 [atual. jan. 2023]. Disponível em: https://drive.google.com/file/d/1f4jL1ut36Sf3iCyTB2lIudItSFUYHaOO/view. Acesso em: 19 fev. 2024.

SPIELER, Paula. The La Oroya case: the relationship between environmental degradation and human rights violation. *Human Rights Brief*, vol. 18, i. 1, p. 19-23, 2010.

TABELAMENTO de dano moral na CLT não é teto para indenizações, decide STF. *Portal STF*, Notícias, 27 jun. 2023. Disponível em: https://portal.stf.jus.br/noticias/verNoticiaDetalhe.asp?idConteudo=509630&tip=UN. Acesso em: 7 nov. 2023

TAQUARY, Eneida Orbage de Britto. O direito ao meio ambiente sadio: a proteção pela Corte Interamericana de Direitos Humanos. *Revista de la Secretaría del Tribunal Permanente de Revisión*, año 1, n. 2, p. 77-111, 2013.

TRAGÉDIA em Brumadinho completa dois anos e é marcada por homenagens às vítimas. *Corpo de Bombeiros Militar de Minas Gerais*, Notícias, 25 jan. 2021. Disponível em: https://www.bombeiros.mg.gov.br/tragedia-em-brumadinho-completa-dois-anos-e-e-marcada-por-homenagens-as-vitimas. Acesso em: 20 nov. 2022.

TRINDADE, Antônio Augusto Cançado. *A humanização do direito internacional.* Belo Horizonte: Del Rey, 2006.

______. *Direitos humanos e meio-ambiente:* paralelo dos sistemas de proteção internacional. Porto Alegre: Sergio Antonio Fabris, 1993.

______. International law for humankind — towards a new jus gentium, General Course on Public International Law — Part I. *Recueil des Cours de l'Académie de Droit International de la Haye*, v. 316, 2005.

______. Os direitos humanos e o meio ambiente. In: SYMONIDES, Janusz (Org.). *Direitos humanos:* novas dimensões e desafios. Brasília: Unesco Brasil, Secretaria Especial dos Direitos Humanos, 2003. p. 161–206.

TROCKER, Nicoló. *Processo civile e costitucionale:* problemi di diritto tedesco e italiano. Milano: A. Giuffrè, 1974.

UM ACORDO judicial proposto pelo MPT deu paridade às indenizações a familiares de vítimas do rompimento da barragem da Vale em Brumadinho. *Ministério Público do Trabalho em Minas Gerais*, 25 jan. 2023. Disponível em: https://www.prt3.mpt.mp.br/procuradorias/prt-belohorizonte/2507-um-acordo-judicial-proposto-pelo-mpt-deu-paridade-as-indenizacoes-a-familiares-de-vitimas-do-rompimento-da-barragem-da-vale-em-brumadinho. Acesso em: 2 fev. 2024.